雑誌よ、甦れ

「情報津波」時代のジャーナリズム

高橋文夫

晶文社

装丁　坂川栄治＋永井亜矢子（坂川事務所）

まえがき

雑誌がいま、危うい。

『月刊現代』（講談社）、『PLAYBOY日本版』（集英社）、『読売ウイークリー（旧週刊読売）』（読売新聞社）、『論座』（朝日新聞社）――。かつての花形誌・人気誌が続々、休廃刊に追い込まれている。雑誌の売り上げはこの一〇年間、下り坂を転げ落ちるように、前年を下回りっぱなしだ。

「長期低落傾向どころではない。インターネットなどのデジタル情報が増えれば、アナログ情報の雑誌はそっくりそのまま減り、衰える。ネットが生活の隅々に浸透するにつれて、この世で無用の存在になってしまう」。出版界にはそのような悲鳴が聞かれる。「三十六計、逃げるが勝ち」とばかりに、早々と旗を巻き下ろそうとする動きも見受けられる。インターネットとのつば競り合いはこれからだというのに、はなから負けいくさを決め込んでいるような具合だ。これではインターネットと競争することはもちろん、協調することもままならない。

雑誌や本を販売する国内書店はもはや、約一万七〇〇〇店にまで減少した。この二〇年間でおよそ半分に減ってしまった計算になる。書店が必要な売り上げや集客を確保し生きながらえるためにも、雑誌がきちんと店頭で売れなければならない。

出版販売額の過半は雑誌が占める。その不振が極まれば、とかく雑誌に支えられる格好で活動を続けてきた出版界そのものが、お手上げになりかねない。

雑誌がダメになれば、本もダメになる。活字文化そのものがおかしくなる。それを避けるためにも、まず、雑誌を甦らせたい。

お隣の活字メディアである新聞をめぐっては、これまでに無数のジャーナリズム論があり、『新聞がなくなる日』（歌川令三　草思社）など、ネット時代の到来に警鐘を打ち鳴らす動きも早く、盛んである。

だが残念ながら、雑誌については『雑誌記者』（池島信平　中公文庫）や『アメリカジャーナリズム報告』（立花隆　文春文庫）などの僅かな例を除き、ジャーナリズム論さえいまだ見当たらない。ましてネット時代に雑誌がどうなるのか、どう対応すべきなのか。残念ながら、寂《せき》として声は無い。

脚下照顧《きゃっかしょうこ》。

この危機にあって、まず雑誌ジャーナリズムとは何か、とりわけ同じ活字ジャーナリズムの新聞とはどう異なるのか、足元から洗ってみる。

雑誌や読者を取り巻く環境はどう変わったのか、インターネットなどのデジタル情報が津波のように押し寄せる中にあって、専門深掘り型の情報を提供し「安らぎ」や「お墨付き」をも与えることができる雑誌が、その特性を踏まえて新たな役割を担えないのか、探ってみたい。

世の中はまた、グローバル化につれ、「ゲゼル化」つまり利益社会化《ゲゼルシャフト》が急速に進行中だ。広がり深まりゆくゲゼル化の時代にあって、雑誌の持ち味は活かせないのか、新たな地平は広がっていないのか、当たってみたい。

「彼を知り、己を知れば、百戦殆《あや》うからず」（孫子）――ともいう。


筆者はジャーナリズムの分野でこれまで、新聞を振り出しに、電子メディア・雑誌・出版の仕事に携わってきた。既存の活字メディア、新興のデジタルメディア、それぞれにささやかながら土地勘がある。そのような立場からデジタル時代の雑誌について自分なりの見方や考えをまとめ、明らかにするのは、ここに身を置いた者のひとつの務めではないか、とも思った。「一宿一飯の」である。

人気作家・石田衣良氏が活字文化をめぐるシンポジウムで次のように話していた。

「自分は九〇年代半ばに新人賞を受賞するなど、活字文化がおかしくなる寸前にぎりぎりのタイミングで間に合い、デビューできた。あわててタイタニックに跳び乗ってしまったような気もしないではないが、自分は紙や活字の持つ力を軽々しく考えていないし、ひとにも決して軽々しく考えてほしくない。雑誌や紙の本には、人間の体温や匂いなどをも吸い取ってしまう不思議なところがある」（日経・文字活字文化推進機構共催「言葉の力で未来を拓く」2008/3/13）

デジタル時代の雑誌はどうあるべきか、どのように雑誌を蘇生させるか――石田衣良氏ならずとも、読み手として、あるいは作り手として、きっと感慨がおありのことと思う。本書がそれらをさらに深めるきっかけになってくれれば、と強く願う。

本書は、雑誌へのオマージュ（礼讃の言葉）ではない。雑誌に思いを寄せる読者、編集者・編集者の卵たち・編集希望者、広告・販売担当者など、雑誌や活字メディアにかかわる人すべてに捧げる、ささやかなエール（応援の言葉）である。

雑誌よ、甦れ　目次

第一章　ジャーナリズム

日に新し、日々に新し

「日に新し、日々に新し」がジャーナリズムの世界である。

ジャーナリズム（journalism）とは何か。

言葉のうえから解釈すると、「日」を意味するフランス語のジュール（jour）あるいはジュルネ（journée）を基に、行為や主義を表すイズム（ism）が加わって英語のジャーナリズムとなる。

フランス語の「Bon jour!」は、「Good day!（今日は）」だ。英語で旅行にあたるジャーニー（journey）はもともと一日の旅程を意味していた。ジャーニーマン（journeyman）は日雇いで仕事をする人である。

ジャーナリズムとは手っ取り早く言えば「日々の記録、日誌」だ。

清水幾太郎氏は名著『ジャーナリズム』（岩波新書）の中でこう定義している。ジャーナリズムとは「定期刊行物を通じて、時事的な諸問題の報道および解説、その詳細、言論を提供する活動」。

そこでは新しさこそ、命である。

「ジャーナリズムの反対語は？」「それはマンネリズム（mannerism）さ」というジョークがある。新しさを身上とするジャーナリズムは、十年一日の旧態依然としたやり方や月並みの様式の対極にある。

ジャーナリズムの編集活動における三つのポイントは、いかに「①早く、②正確に、③深く」、事実を世の中に伝えるかだ。

このことは雑誌、新聞、ラジオ・テレビ、いずれのメディアでも基本的に変わらない。新聞なら朝刊があって夕刊がある。同じ朝刊でも早い版から内容が刻々と変化していく。ラジオやテレビなら定時ニュースに加え、臨時ニュースや画面に流すテロップで可能な限り早くその事実を世の中に伝えようとする。

新聞の場合、「だれが・いつ・どこで・なにを・なぜ・どのように」の5W1H（Who/When/Where/What/Why/How）を報じる優先順位や重要性は、あくまでも①**「早く」**、②**「正確に」**であり、③**「深く」**掘り下げることができればそれに越したことはない、である。

ニュースに登場するHeやSheが主語となり、いつ・どこで・なにを・なぜ・どのようにしたのか、を早く、正確に報じる。

言ってみれば、それはあくまでもHeやSheが主語の**「第3人称のジャーナリズム」**であり、求められるのは**「客観報道」**にとことん徹することだ。

ところが**雑誌**は異なる。

三つのポイントそのものは同じなのだが、重要度の順は①**「深く」**、②**「正確に＝的確に」**、③**「早**

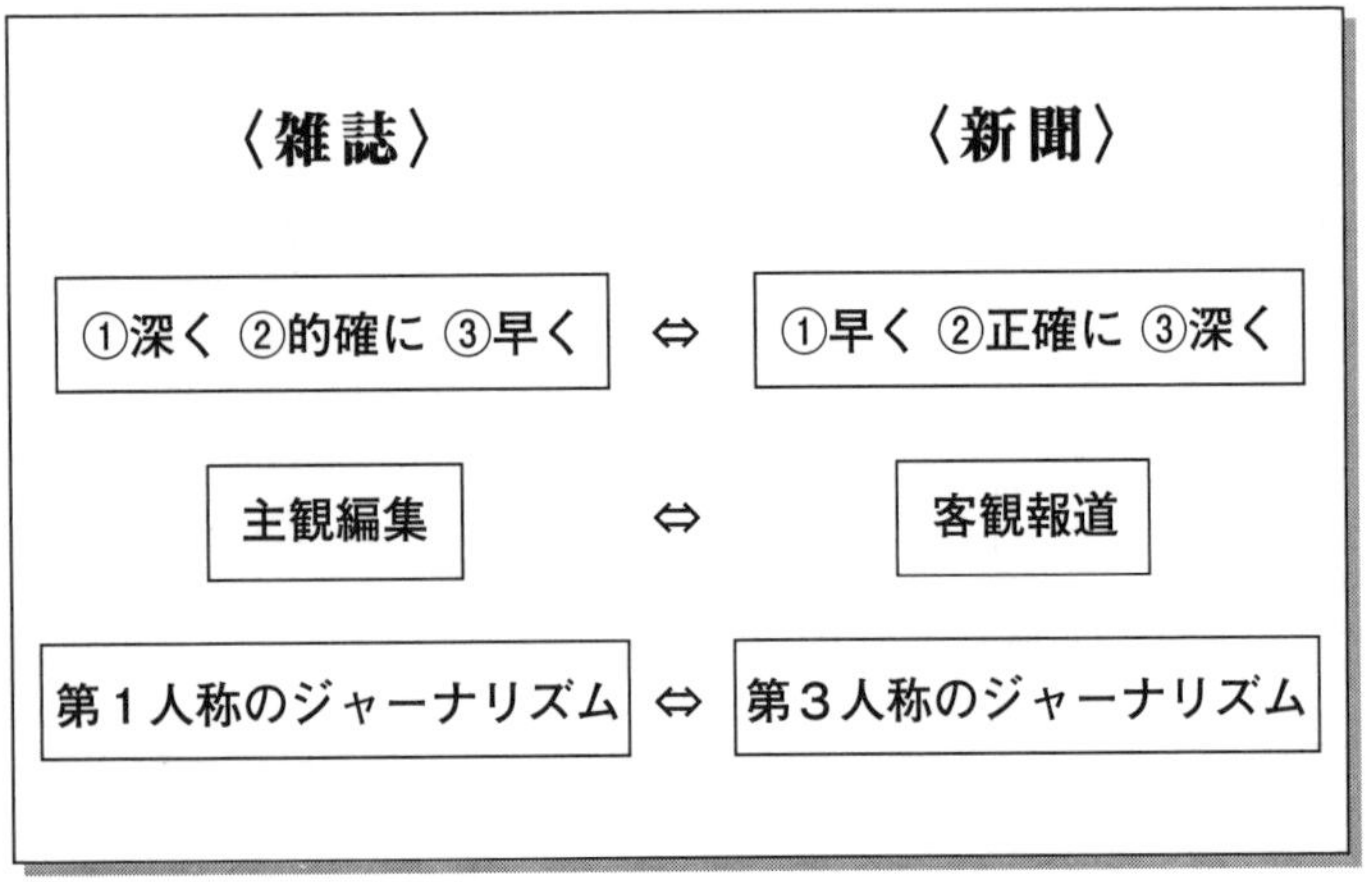

同じジャーナリズムでも雑誌は新聞とまるで異なる

く」、とまるで逆である。時間の基本単位が長いから雑誌の場合は正確にというよりはむしろ的確にという語感の方がぴったりする。

とにかく雑誌は内容をどう「深く」、「的確に」伝えるかであり、早ければ「早い」方がより望ましい、となる。

雑誌の場合、週刊・隔週刊・月刊・季刊……とある中でいちばん足が早いものでも週刊だ。ニュースを伝える早さでは、二四時間放送が可能なテレビ・ラジオ、朝・夕刊・号外を持つ新聞にはとても太刀打ちできない。まして大量・迅速のデジタル情報を伝えるインターネットなどにはまるで歯が立たない。

ハードウエアの特性から、雑誌のソフトウエアの優先順位はどうしても①「深く」、②「的確に」、③「早く」にならざるを得ない。

メディアの特性から、事実そのもののニュース報道は「速報型」の新聞やテレビ・ラジオが、解説や分析など「深掘り型」の情報提示は雑誌が得意だ。

雑誌には編集後記という編集長が仕事の舞台裏や楽屋話を書くコラムがある。言ってみれば、雑誌はその編集後記の世界だ。語弊があるかもしれないが、新聞の「客観報道」に対して**「主観編集」**のジャーナリズムである。新聞がたった一段のベタ記事（字間を詰めた小記事）ですませた内容を、編集長が自分の雑誌の一〇頁や二〇頁に及ぶトップストーリー（巻頭特集）に据えることもある。編集長がニュースをどうとらえ、どのように受け止め、より「深く」掘り下げて特集を組むか。自らの主観をもとに編集長が築き上げる編集の世界、つまり編集長の**「第１人称のジャーナリズム」**が雑誌である。(1)

文藝春秋出身の評論家・立花隆氏はこう説く。

「雑誌ジャーナリズムは、新聞とは幾つかの点で本質的にちがう。……新聞には不可欠の網羅性をはじめから捨てている。新聞が和洋中華なんでもござれのデパートの大食堂とすれば、雑誌は高級レストランである。メニューの品数は少ないが、一品一品手が数倍もかけられており、ボリュームもある。そこで何より必要なのは、新聞では等閑視されるディーティルであり、バックグラウンドの掘り下げである。……新聞と雑誌のメディアとしての特性の相違を頭に入れていただければ、『角栄研究』が一〇〇％雑誌メディアの仕事であったことをご理解いただけるだろう」

「雑誌ジャーナリズムはしばしば新聞ジャーナリズムがその仕事を終えた地点からその仕事を始める。新聞が伝える基礎的事実関係である5W1Hのうち、WHY（なぜ）、HOW（いかに）を徹底的に掘り下げるのが一つの仕事とするなら、もう一つの仕事は、もう一つのHOWの視点を付け加える仕事である。すなわち、その事実関係をいかに位置づけ、いかに解釈し、いかに評価・批判すべきかという視点である。ここにおいて、雑誌ジャーナリズムのレポーターはレポーター（報道者）であると同時に、クリティク（批評者）でもあらねばならない[2]」

講談社系『日刊ゲンダイ』はいわゆる夕刊の「新聞」でありながら、「デイリー・マガジン（日刊雑誌）」を旗印にかかげる。

「ニュースの速報性ではテレビにかなわない。一方、ストレートなニュース記事は新聞がやっている。そこで『日刊ゲンダイ』は起こったことをそのまま伝えるのではなく、ひねったり、分析したりしている」と日刊現代専務取締役の下桐治氏は指摘する。[3]

雑誌の発行や出版は、英語で**「パブリケーション（publication）」**である。このpublication《パブリケーション》にはもともと、「世にまだ知られていない事実を公（public）にする、明らかにする」の意味がある。

この「事実を公にする」の中身には実は二種類ある。

一つは事実そのものの**「ニュース（news）」**。新しく生じた事実をそのまま伝える。新聞一面の全段通しの見出しが立つようなスクープや雑誌巻頭を飾る特報もあれば、短信欄にしか載らない小さなニュースやベタ記事もある。

もう一つは、ニュースそのものはすでに世間に知られているが、実はこれまでの世の解釈とは趣を異にし、ほんとうはこうなのですよ、実はこういう隠れた意味があるのですよ、という**「解説、評価、位置付け（view）」**である。それまで伝えられてきたこととは異なる解釈・位置づけをすることで、既知の事実に違う角度から光をあて、新しい情報価値を加える。

『自由』『改造』などを経て『現代の眼』編集長なども務めた故鈴木均氏は、ジャーナリストとして何をニュースバリューにするかと問われれば次の三つをあげる、としている。

一、歴史的価値
二、社会的価値
三、専門的価値

そして「歴史的価値を現在化し、社会的価値を話題化し、専門的価値を大衆化する方法こそが、ジャーナリズムの手法というものである。ジャーナリストにはその諸価値を今という時点で見抜き、選択し、記事化する視野の広さと、豊かな知識と、深い識見が求められている。現在化、話題化、大衆化を通して、ニュースを、スクープを、商品とするのだ。その中から時代を動かすスクープもまた生まれてくる」と論じた。(4)

先述の立花氏は「新聞が世にインパクトを与えるのは、主として新聞が伝える事実そのものの衝撃性による。それに対して、雑誌が世にインパクトを与えるのは、事実そのものより、事実の読み取り方、事実を見る視角、視点、全体的視野の中へのそれの置き方などである。新聞を、材料そのものを生のままに生かすことによって勝負する日本料理とするなら、雑誌は、材料の加工によって勝負するフランス料理、中華料理といえるだろう」と説き明かす。

(1)『少年マガジン』編集長・講談社顧問を務めた故内田勝氏は「新聞・TVは世間レベルの価値観に基づいた3人称情報のソーシャルメディアであり、雑誌・映画は個人レベルの価値観に基づいた1人称情報のパーソナルメディアである」と唱えた（日経BP社「朝のレクチャー」スピーチ 90/3/28）。
(2)『アメリカジャーナリズム報告』（立花隆　文春文庫）
(3)『経済広報』〇七年二月号（経済広報センター）
(4)『出版の現場学——発想と方法』（鈴木均　出版ニュース社）

第二章　雑誌の編集とは

1 **「企画」「取材」「執筆」――雑誌編集の3プロセス**

雑誌づくりは三つのプロセスから成り立つ。
「企画」「取材」「執筆」である。

まずは、**「企画」**。

今度の雑誌のトップストーリーでは何を取り上げるのか。それをどういうねらいでさばいていくか。

いちばん大切なのは、どのような**「仮説」**をそこで打ち出せるかだ。**「切り口」**や**「キーワード」**といってもよい。

かつてソニーのウォークマンが街を風靡し、スペース・インベーダーゲーム、低カロリーのライトビール、使い捨てカイロ・ホカロンが流行したとき、世の中でいま受ける製品・サービスには「軽く・薄く・短く・小さい」という商品特性があるのではないか、との「切り口」で『日経ビジネス』

が特集「軽・薄・短・小」を組んだ。

世に受け入れられて、当時は耳慣れなかった「軽薄短小」がキーワードとして定着した。世間の森羅万象を一つの仮説でわしづかみにし、特定のキーワードでどう串刺しにするか、触れれば血の飛び出しそうな切り口をどう持つか——が決め手になる。

「会社の寿命は三〇年」とよく一口に言われる。これも同誌の特集から生まれた。

戦後日本の企業の歴史を振り返ると、企業が潰れたり、倒産したり、合併したり、事業内容が変わり新しい会社に生まれ変わったりするのは、どうも三〇年という単位がひとつのメドになりそうだ。会社は大小を問わず、創業後三〇年で屈折点を迎える——という「気づき」が発端であった。

塩野七生さんの『ローマ人の物語』全一五巻がシリーズとして完結した。粕谷一希氏との記念対談の中で塩野さんは、「『物語』としたのは日本語で『歴史』というと歴史教科書と誤解されるかもしれないから、それを避けたかった。……一人の見方で一貫して……ローマやローマ人をわかりたい、という視点で書いた。……人間に対する興味は作家の方が断じて強い。……登場する人間たちが生きてくる」と、筆を起こしたねらいや執筆姿勢について語っている。(1)

人間に対する強い興味を持って、一人の一貫した視点でローマ人を描くことにより、ローマやローマ人をわかりたい、読者に読んでもらいたい——これもひとつの切り口の持ち方といえる。

「ＢＲＩＣｓ」。躍進を続けるブラジル、ロシア、インド、中国の新興大国群だ。それぞれの国のイニシャルをつなぎ合わせ新語を作ったのは、例外的に、マスコミではなく米証券会社ゴールドマン・サックスのグローバル経済統括部長ジム・オニール氏とされる。

発音からはブリックス（Bricks＝レンガ）を連想させる。Brickはもともとレンガの意味だが、俗語として「いい奴・頼もしい人」の意味もある。世界を牽引してきた経済超大国米国の足取りが乱れてきたいま、ＢＲＩＣｓはまさに頼もしい連中なのだろう。結果的に、キーワードとして言い得て妙である。

「軽薄短小」「会社の寿命三〇年」。共通しているのは、言いたい内容が明確で簡潔なことだ。編集プランで仮説を立てるときには、回りくどい言い回しなしに、一本見出し《タイトル》であっさり表現できるかどうかもポイントになる。

世の中の森羅万象、あちこちで起きていることについて、一つの切り口でさまざまの現象を切り取り、一つのキーワードで串刺しにする――どのように面白い仮説を持てるかが企画の勝負である。

次に仮説をもとにして、**「取材」**にかかる。

ここでの鉄則は、とにかく現場を数多く踏むという**「現場主義」**だ。現場に足しげく通うのは、人に多く会うためである。取材上欠かすことができないもっとも大切なキーワードだ。

インターネット、ウェブジン、メールマガジン（メルマガ）、ブログなどから、グーグルなどの検索エンジンを駆使して、自由気ままに情報を検索し引用できるようになった。

さまざまの資料や文献だけを寄せ集めて原稿を書くことをかつて、揶揄《やゆ》をこめ「糊とハサミ」の所産と言ったが、いまではそれがパソコンのディスプレイ上、「コピー&ペースト」のクリック一つで可能だ。「コピペ」である。

同じディスプレイの上で、自分が書いたものか、ほかのデジタルメディアからの引用か、自身でさえとらえにくい状況だ。やまびこのように繰り返し利用され転用されて、果たして何が元の第一次情報なのかさえわからない危うさがある。これではいけない。

企画ではなんといっても仮説、切り口、と指摘した。パソコンの前に座っていただけでは、仮説も切り口も生まれはしない。現場に行って、そこの空気を吸い、匂いをかいではじめて感じ取れるものがある。幾つもの現場で取材を重ねてこそ、その中に共通するもの、底においてつながるものが初めて見えてくる。

その「気づき」が仮説、切り口に直結する。そして仮説、切り口をもとにさらに取材を重ね、現場を数多く踏みかためることでその仮説、切り口を検証し、確信が持てるようになる。

よく「目は口ほどにものを言い」というが、直接現場に出掛け本人に会って話を聞かないかぎり、その目つきや顔つきまではわからない。目つき顔つきをじかに見ることではじめて、アッと気づくものがある。それが大事だ。

電話やeメールという便利な手段もあるが、聞かれたほうはいきなり電話で話を聞かれても、相手の顔がわからないし、電話ではそう名乗っているけれども実際に本人かさえはっきりしない。この物騒な世の中、おのずからあたりさわりのない受け答えしかできない、という結果になる。

これが現場に行って一度名刺を渡しておけば、戻ってきたあと電話をかけて補足したり、確認したりすることもできる。

取材に行き、終わりの時間が近づくと相手がホッとするのか、おいとまする素振りをしながらさり気なく別のことを聞いてみると、思いがけない話が返ってくる場合がある。

たとえば、帰りがけに椅子から腰を上げながら、「先週の金曜日は会社においでではなかったようですが、ゴルフにでも?」とたずねると、「ゴルフどころじゃない、例のインド進出計画が土壇場にきておかしくなっちゃって、悪戦苦闘していたところだよ」。「えっ」と聞き直すと、「そのことでバンガロールに行ってたんだが、なんとか月末には契約調印にこぎつけられそうなところまできて、胸をなでおろしている」などと、思いがけないニュースをお土産にもらえることもある。

これは現場に行って人に直接会わない限り、決して取れないニュースだ。

大事なのは、「腰を上げながら」というタイミングである。

「PCを捨てよ、町へ出よう」。

筆者の記者（日本経済新聞社）時代、経団連記者クラブに属していたときに、東芝の社長であった土光敏夫氏が役員任期切れをきっかけにその座を退くか、注目されていた。東芝という一企業のトップ人事だけでなく、次の経団連会長の椅子に誰が座るのかという財界総理人事も絡んでいた。

夜討ち朝駆けが続いた。いい加減にしてほしいといった先方からの要望が、社には非公式に伝えられていたようでもある。

その座にある人が自らの人事をしゃべる可能性はほとんどない。だが周辺を洗う一方、ご本人のもとへも参上した。時には夜、まさにメザシで食事される土光氏を目にしたこともある。朝、飄々《ひょうひょう》とした表情で迎えの車に乗り込むところにお邪魔したこともあった。

結果的に土光氏は留任。ニュースにもならなかった。

よかったこともある。周辺取材を続けるうち、テレビ生産で東芝と某社の提携話の進んでいることがわかり、中面のアタマ記事になった。土光氏のまさに敬服せざるを得ないちょっとした言動やその人柄に直接触れることができたのも、記者冥利に尽きた。

ほぼ同時期、某大手電機メーカーが米電機メーカーから米国独占禁止法違反で訴えられた事件があった。これも、会社トップや担当役員などに夜討ち朝駆けを繰り返した。ある段階で先方とは和解する案が持ち上がり、その一切を個別に聞かせてもらってスクープとなった。

後で関係者から耳打ちされたのは、「あれだけ熱心に取材しているのに、発表してほかの取材記者と同着のニュースになるのでは可哀そうだ、一生懸命やっていただけのことはあるという形で今回のことを決着させたい、という担当役員の意向が働いた」――。真偽のほどは知らない。

『ベスト&ブライテスト』を著し、ニュージャーナリズムの旗手となったニューヨーク・タイムズの元記者デイビッド・ハルバースタムは立花隆氏とのインタビューの中で、同書を書くのに四〇〇〇人とインタビューを重ねたことを明らかにし、「とにかく、繰り返し、何度も何度も同じところに立ち返って取材を続けていけば、必ず人は次第に話してくれるようになる――取材の方法論はそれに尽きる」と「足による取材《レッグ・ワーク》」の大切さを強調している。(2)

『週刊朝日』の黄金時代を築き、その功績で菊池寛賞も受賞した元編集長・扇谷正造氏は「編集者は珍しい話・人を感動させる話・何か世の中のタメになる話・世の中を啓蒙する話・悲しい話・ゾッとする話・おかしな話などの素材をいつも探し求めている。一方、世の人々の心には無数の素晴らしい素材が眠っている。大勢のジャーナリストがその素材を取り出そうと懸命だが、この二つを結びつけるのに、人と会うことが欠かせない。水素はそれだけでは水素のままだが、酸素と触れ合ってはじめて水になる」と説いている。(3)

写真の場合もある。

恵比寿の東京都写真美術館で先に、9・11のニューヨーク・テロをテーマにしたマグナムの写真展『ザ・デイ』が開かれた。『ザ・デイ』の写真はすべて現場で撮られており、テレビや新聞、雑誌では見かけない生々しい映像がたくさんあった。

マグナムは報道写真専門のカメラマン集団。ロバート・キャパらが創設した。

その中でニューヨーク在住のトーマス・ヘプカーさんというドイツ人カメラマンの取材メモが写真とともに掲げられていた。

メモには「マグナムはドキュメンタリー専門の写真家グループとして設立された。ドキュメンタリーこそ、私たちの伝統だ。9・11のような悲惨な事件が実際に起きてみて、そうした伝統や、現場写真の重要性をあらためて考えさせられた」とあった。

デジタル技術花盛りの現代にあって、映像は手が加えられ、修正されており、CG（コンピューター・グラフィックス）で作り上げられた世界ではないか疑念が持たれたりする。それを、「そうではない、写真こそが事実の証拠であり、記録である。そのことを9・11をきっかけにあらためて提示できたのが大変よかった」とヘプカーさんは記す。

写真における取材の「現場主義」である。

京都大学は伝統的に海外でのフィールドワーク研究が盛んで、これまでにもそれぞれの分野で今西錦司、木原均、梅棹忠夫、川喜田二郎らの錚々《そうそう》たる人々を輩出している。このフィールドワークの現場での「気づき」から始まってさまざまのデータの取得や分析、一般化・モデル化、普遍化にいたる道筋は、これまでに説明してきた編集の「仮説」→「取材」の過程と重なるところが多い。

フィールドワークの初期には、まずその先の調査を方向づけるようなきっかけやものごととの出会いがある。

始まりはあくまでも、漠然としたなんとなくぴったりこない感じや「ひっかかり」、「?」という素朴な疑問、違和感である。

ほんのちょっとした「なぜこうなのだろう」という「気づき」を幾つか重ねて、それをもとに「問い」を立て、フィールドで具体的に「データを取得」していく。

ここではデータをどのように取得するのかの「手法」と、それをどのように分析するかの「視角」

がともに大事である。

取得したデータの中にはそのフィールドワークにとって欠かせない本質的なデータと、そうではない例外的なデータがあるから、その「仕分け」も大切だ。例外データは除外する。幾つかのデータをもとにした「状況証拠」とそれからの「因果関係」の推定→「パターン」や「類型」の抽出→「仮説」の構築→「検証」の繰り返しという段階を経て、「結果」を取りまとめる。

フィールドワークで欠かせない調査方法のひとつが、「インタビュー」である。インタビューから得られた記録には、質問票を利用した聞き取りだけでなく、自由に相手に語ってもらった内容、なにげない日常会話から得た記録なども含む。インタビューのあと頭を悩ませるのは、聞いた人によって互いに矛盾するデータ群（聞き取り記録）を並べ、ひとつの筋の通った話としてどのようにまとめるかだ。(4)

最近では取材に限らず、一般の企業活動でも仕事の現場を重く見る風潮が出てきた。

グローバル化が進展する中で、トヨタ自動車、キヤノン、花王などの勝ち組企業が強い現場を抱えていることにあらためて注目が集まっている。

現場の持つ強い力、「現場力」とは何か。

「まず、現場にいる自分たちこそ業績を担っているという当事者意識を持ち、自ら問題を見つけ自らそれを解決していくという現場である。次に、すべての仕事はつながっているという、点ではなく面を意識した組織能力としての現場、そして競争上の優位を確保するために個々の現場の力を高めようという強い意識──これらが現場力である」。早稲田大学大学院教授の遠藤功氏はこう強調する。(5)

編集の取材の現場と一般企業の仕事の現場ではおのずから異なる。が、「すべては現場にあり」とする考え方には共通するものがある。

小学校を卒業して二〇年振りの同窓会で、昔のクラス仲間と会ったとする。はじめのうちは「お前、誰だかわからなかったぞ」とか、「めっきり太ったなあ」「もう、薄くなってきたんじゃないか」などと言っていても、二、三十分もすれば、昔の面影や懐かしい仕草が甦ったりして、何の違和感もなく思い出話にふけったりする。その顔つきやからだつき、しゃべり方、身のこなしなどから受け取る印象、何とはなしに本人からかもし出される匂いのような雰囲気、けんかをしたり、先生から叱られたりした共通の思い出──本人を直接目の前にしていればこそ、昔を今に甦らせてくれるたくさんの情報を受け取ることができる。これも一種の「現場力」だ。

一枚の写真を手にいつまでもいじくり回していたところで、それだけでは何も変化はおきない。

インターネット時代だからこそ、雑誌・新聞、ラジオ・テレビの第一線にある者が現場発の第一次情報をプロとしてきちんと入手し世間に送り届けることが、何にもまして大事になってきている。

そして、**「執筆」**。

ポイントは**「書き出しの3行」「見出し《タイトル》の1行」**である。せっかくいい仮説がひらめいて、丹念に現場取材を重ね原稿を書いても、世の中はまさに情報津波時代。ライバル誌も数々ある。同じ雑誌にも記事が押し合いへし合いひしめいている。

そうした中で読者に手に取り目に留めてもらうには、ひとひねり一工夫して記事を書く必要がある。

とりわけ、書き出しの3行・見出しの1行が勝負。

「私の男は、ぬすんだ傘をゆっくりと広げながら、こちらに歩いてきた」。

○七年度下半期に直木賞を受賞した桜庭一樹氏『私の男』の書き出しである。記事と小説では書き方もおのずから異なるが、書き出しで一つ一つの言葉がむだなく不足なく、私と「私の男」の関係、「私の男」の性格やふだんのおこないなどを活写する。

手元にある雑誌の中から、気の利いた書き出しを幾つか拾い上げてみる。

「日本の外交はカラオケ外交だなどと言われてきた。歌っているのは日本でも、バックグラウンド・ミュージックとその歌詞はすべて米国製だというのである。……」（「液状化する日米同盟」『選択』〇七年一一月号）

「近頃、日本人は別れなくなった。また、別れる人を送らなくなった。……たとえば過去一年間に、あなたは何度、駅へ行って旅立つ友人その他を見送りましたか？」（徳岡孝夫「別れが消えた」『文藝春秋』〇六年九月号）

「ライターとは本来、いたってシンプルなものだ。オイルかガス、それに着火装置さえあればいい。／ただここに載っているライターを手にしたら、単なる『火をつけるための道具』とは思えないはずだ。／まず、ひとつ手にとってみよう。／そして火をつけてみよう。……」（「『本物』のライターを探せ！」『pen』〇二年六月一日号）

「胸をはだけて、カメラをくっと見据える晩年のアンディ・ウォーホル。幾重もの生々しい手術跡は、かつての狙撃事件で負った傷の名残を、あえて強調して描いている。……」（「雑誌のデザイン特集」『pen』〇六年四月一五日号）

「食卓に、カミさんのメモが置いてある。のぞいてみると、『火』『火を噴きし阿蘇の』『志ん生の火炎太鼓』などと書いてある。例によって始まったな、と苦笑した。歌会始の来年のお題である。……」（出久根達郎「お題」『文藝春秋』〇七年三月号）

「タクシーを門に横付けしてから客室に腰を下ろすまで、宿の人々の所作は流れる水のようにきれいだった。その間、私たちの目に触れたのは、打ち水された玉砂利、上品でどこか控えめな葛布の暖簾、そして池越しの能舞台。……」（『日経おとなのＯＦＦ』〇一年一一月創刊号　旧日経ホーム出版社）

「『一九九五年はマイクロソフトにとって大きな節目の年になった。創業二〇周年を迎えるとともに、私は四〇歳になり、そしてWindows 95を発表した』――米マイクロソフトのビル・ゲイツ会長は、……キーノート・スピーチでこう切り出した。……」（「Wintel時代の終わり」『日経コンピュータ』九五年一二月二五日号）

最後にあげた『日経コンピュータ』記事は特段の工夫が凝らしてあるわけではない。ただ、取材相手のスピーチや談話において「その中に見出しが取れるような気の利いた表現がある」「話し手の特徴が良くも悪くもよくわかる」「全体が物語られる」ような場合に、そのセリフから記事を書き起こす好例としてあげた。

よい書き出しさえ探り当てられれば、その書き出しのもとに一気に文章を綴ることができる。初めの3行がその後のすべてを支配することになる。

文章を書くときは、リズムやスピード感が大事だ。牛のよだれのように書き綴っていると、いざ後で読み返すとしまりのない文章になっていて、まるで使いものにならないことが多い。

書き出したら、ともかく一瀉千里《いっしゃせんり》に書いてしまう。言葉の使い方が間違っているのではないか、漢字が合っていないのではないか、数字を確認しなければ、などと思っても、後で見るときにそれがどこかわかるように印をつけて、ともかく一息で書き上げてしまう。それがリズムを生む。

雑誌や新聞の編集現場では、ベテラン記者はそのうちデスクと呼ばれる部次長や副編集長になる。記者に取材を指示し、下から上がってくる記者の原稿に手を入れるのがおもな仕事だ。

たまたまデスク経験者が取材や執筆現場に再び戻ったり、編集委員やシニア・スタッフライターになったりして原稿を執筆する場合、一兵卒の記者だったころに比べ原稿を書く速度が極端に遅くなってしまうことがよくある。

デスク稼業をやっていて人の原稿に赤を入れるクセがつくと、今度は自分の原稿を書いていても、途中でうろ覚えの漢字や書き違い、ちょっとした名数《めいすう》（固有名詞と数字）に引っかかってしまい、原稿の書く手を休めて辞書を引いたり、資料にあたったりして、原稿のスピードがいっこうに上がらない、といったことになりがちだからだ。

このような場合、原稿を書くときは割り切って、まずは「書く人」になり切り、いったん原稿を書いたら今度は「見る人」の立場になって徹底的に赤を入れる、というように一人二役を意識して「書く」と「見る」をはっきり分ける方が能率があがる。これがごっちゃになるとスピードが上がらず、中身もろくなものができない、という結果を招く。

こんなこともある。

記者に原稿を書かせたところ、「なぜ、こういう結果を招いたのか。一つには……ということがある。二つには……。三つには……。もっとも……とも考えられる」——。

一つ目、二つ目、三つ目、いずれもその通りなのだが、すべて教科書通りの紋切り型で面白味がない。「犬が人間に」である。

こういう場合、「もっとも」とか「だがしかし」などの後、本人は付け足しで書いたつもりの部分が「人間が犬に噛みついた」格好で面白く、しかもそのことを局部拡大型にまず大きく取り上げて書くと結果的に一～三つ目の理由もうまく説明できてしまう、といったことがある。

書き直させると、案の定、独特のしかも全体にも目配りした「光る」原稿になったりする。

「見出し《タイトル》」は、書き出しに負けず劣らず大切だ。それによって記事の読まれる・読まれない、雑誌の売れる・売れないが決まってしまう。

『週刊文春』の花田紀凱氏は編集長時代、ほかのことがどんなに忙しくても、見出しだけは自分でつけていたという。「とりわけ電車中吊り広告のタイトルづくりは雑誌編集長として決して他人に任せられない。なにしろその号の売れ行きがこれで決まってしまう」からだ。(6)

花田氏はタイトルをつける際に、マーケティングの本に載っていた「売れる商品のネーミング」を踏まえ、「①覚えやすいこと、②個性的なこと、③簡潔なこと、④他のものと容易に区別できること、⑤声に出して読んで音の響きのよいこと」――に気をつけていたという。(7)

創刊八五周年を迎えた『週刊朝日』はその特集号の中で、売れっ子の脳科学者茂木健一郎氏に昔の創刊号を手にとってもらい、「『女』がなうても『子供』が生まれる」という記事についてこう語らせている。

「この見出しがいかにも週刊誌的。内容を読むと、有性生殖と無性生殖の両方があると言ってるだけなんだけど、見出しを見るとドキッとする。見出しで読ませるというのは、……週刊誌の原点なんですね」(8)

新聞の見出しには、最も大切な事実や何よりも読者に伝えたい内容を示す「主見出し」、主見出しを説明したり補足したりする「袖《そで》見出し」（「脇見出し」ともいう）がある。ほかに、全体のテーマを表す「柱見出し」や、主見出しの前で使う「肩見出し」などもある。手元にある新聞と雑誌の見出しをそれぞれ幾つか見てみよう。

まず、新聞。

〈主見出し〉

「絆」誓ったはずが「忍」の一字

丸くてもキューブ

GS店員を80《メートル》引きずる

米菓や米飯　原産国表示を義務化

〈袖見出し（肩見出しを一部含む）**〉**

夫婦の思い40年たてば……　民間がネット調査
（日経新聞〇八年一一月二二日夕刊）

日産6年ぶり全面改良
（朝日新聞〇八年一一月二〇日）

18歳容疑者　給油後、逃走図り
（朝日新聞〇八年一一月二〇日夕刊）

農水省　コメ流通巡り改革案
（日経新聞〇八年一一月二二日）

新聞はあくまでも「早く」「正確に」「深く」。だから主見出しにより一番のポイントは何なのか、結果はどうなったのかをストレートに読者に伝える。袖見出しは主見出しに説明を加えたり、補ったり、背景を説き明かしたりする、といった役どころだ。

雑誌の見出しはこれと少し趣を異にする。もともと雑誌は「深く」「的確に」「早く」である。新聞に比べ、発行間隔がある、より専門的である、誌面上自在に柱見出しや肩見出しを使える、イラストや写真などが動員できる、色を自由に扱える——などの特色もある。主見出し、袖見出し、柱見出し、さらにはデザインなどを総動員して、ひとひねり一工夫する。

〈主見出し〉

人類の夢とおそれ　空間恐怖の美学

60歳からの捨てる技術《ダウンサイジング》

〈袖見出し（注・肩見出しを一部含む）**〉**

われら　いずこより来たり　何者であり　いずこへ行くや？
（『太陽』特集　六四年七月号、平凡社）

人づき合い、住まい、家財などをひと回り整理して人生を楽しむ生き方
（『百楽』特集　〇八年五月号、ケイアイ）

悪役ゴーギャンの魅力

「やきもの」を旅する

JAZZの快楽

洗練インテリア

シンプル　鍋物改革！

カラダデザイン自由自在

ロンドン・NY・ホノルル・ミラノ・ベルリン　世界5都市、男たちの24時間。

死と悪魔の図像学
（『芸術新潮』特集　八七年三月号、新潮社）

土炎 人が生む、美しき実用品
（『サライ』特集　〇七年五月一七日号、小学館）
（『一個人』特集　〇九年一月号、KKベストセラーズ）

「色」と「柄」でセンスアップする
（『プラスワンリビング』特集　〇八年一二月号、主婦の友社）

季節の食卓
（『きょうの料理』特集　〇八年一一月号、日本放送出版協会）
（『Tarzan』特集　〇三年一月二二日号、マガジンハウス）

2007年・春夏ファッション
（『pen』特集　〇七年三月一五日号、阪急コミュニケーションズ）

ニューヨークは地球の巨大なダウンタウンだ

下町発見シリーズ
（『BRUTUS』特集　八二年一〇月一日号、マガジンハウス）

新宿　脈動する都市

（『風の旅人』〇五年第一四号、ユーラシア旅行社）

ホストなき世界の到来

真の分散処理に向けてダウンサイジング始まる
（『日経コンピュータ』特集　九一年一〇月七日号、日経ＢＰ社）

雑誌に求められるのは、深く、そして「的確に」である。

細かなことになるが、記事を書くうえで「名数確認」もゆるがせにできない。「名」は人の名前など固有名詞、「数」は数《かず》や単位である。これらは間違えると言い訳がきかない。若い新人の記者などには、「名数は決して間違えるな。ニュースは記事を書くものであり、恥をかくものではない」などと言ってきかせる。

ノンフィクション作家の佐野眞一氏は本を書く場合、「自分の中には作家・読者・批評家三人の

雑誌編集プロセスの3KG

企画	＝仮説・切り口・キーワード	K
取材	＝現場主義	G
執筆	＝書き出しの3行／見出しの1行	3

「3KGの重みを忘れない」

人間がいなければならない、というのが長年の持論」と説く。そのうえで同氏は、「ネットのコミュニケーションでは送り手と受け手（ときには送り手のみ）がいるだけで、両者の関係を冷静に判断し調整する『編集者』的な役割がすっぽり抜け落ちている」のが問題だ、と指摘する。(9)

「企画についてはK（「仮説」「切り口」）が欠かせず、「取材はG（「現場主義」）」、「執筆は書き出しの3行」が大事だ、と指摘した。もちろん雑誌の編集現場は月刊か週刊か、一般誌か専門誌か、市販誌か直販誌か、自前の編集記者はどの程度いるか、などによってそれぞれ異なる。だが一般的に、企画、取材、執筆ではこの基本になる「K・G・3」、つまり**「3KG《キログラム》」の重みを忘れない**心がけが肝心だ。

（1）『波』〇七年一月号（新潮社）
（2）『アメリカジャーナリズム報告』（前出）
（3）『桃太郎の教訓』（扇谷正造　ＰＨＰ研究所）
（4）『京大式フィールドワーク入門』（京大大学院アジア・アフリカ地域研究研究科、同東南アジア研究所編　ＮＴＴ出版社）
（5）「NET & COM 2007」「現場力と見える化」講演（07/2/9）
（6）「朝のレクチャー」（日経ＢＰ社でのスピーチ 93/9/8）
（7）『編集者になる！』（ＣＷＳ　メタローグ社）
（8）『週刊朝日』〇七年二月一六日号（朝日新聞社）
（9）『遊歩人』〇三年一月号（文源庫社）

2　編集長の「主観編集」による「深掘り型」「第1人称のジャーナリズム」

新聞がたった一段のベタ記事ですませた内容を、雑誌編集長が自誌の巻頭で一〇ページ、二〇ページの大特集を組むことだってある。

編集長がニュースをどうとらえ、どのように受け止め、より「深く」掘り下げて特集を組むか。自らの主観をもとに編集長が紡ぎ出した「事実を明らかにする」編集の世界、つまり編集長の「第1人称のジャーナリズム」こそ、雑誌である。

新聞が「客観報道」のジャーナリズムであるとすれば、雑誌はまさに「主観編集」のジャーナリズムなのだ。


文藝春秋で一時代を作った池島信平氏は「編集者として一人前になるのにかれこれ二、三年はかかる、なんだか編集者として自信らしいものができるのがそのころで、このあたりで一人前にならなければその人はどうやら編集長失格である。それから編集長になるには、大体十年の苦労が必要である。サムライ大将になるのだから、サムライのやる武芸はだいたいできなければならない」として、「編集長の武芸十八般」を次のようにうたった。

一、編集者は企画をたてなければならない
一、編集者は原稿をとらなければならない
一、編集者は文章を書けなければならない
一、編集者は校正をする
一、編集者は座談会を司会しなければならない
一、編集者は絵画と写真について相当な知識をもっていなければならない
一、編集者は広告を作成しなければならない

そのほか、筆者の書いた内容についてひと通りの批判力が要求される、浅くても広い知識が必要だ。用紙や印刷、経営上の知識も大切である。(1)

「編集長といっても、言ってみれば中小企業の番頭みたいなものだ、なにからなにまで自分でしなければならない」というのが、同氏の考え。

だから「あれもこれもと、七つ道具を背負った(武蔵坊)弁慶が編集長である。背負っただけの道具の使い方は知っていなければならない」が、「すべての編集長がこの七つ道具を全部うまく使っているとは思えない。一つの空想編集長の姿である」とも付け加えている。

週刊誌を見てみよう。最古の新聞社系総合週刊誌である『週刊朝日』『サンデー毎日』はともに一九二二年に創刊された。大正末期、関東大震災の前年にあたる。

戦後の五二年、『週刊読売』（『読売ウイークリー』）、『週刊サンケイ』（現『ＳＰＡ！』）が加わった。出版社系の総合週刊誌『週刊新潮』が昭和三〇年代（六〇年代半ば）に発刊され、『週刊文春』が続いた。さらに講談社の『週刊現代』が出版され、一〇年ほどおくれて小学館の『週刊ポスト』が出た。

『週刊新潮』や『週刊文春』が登場したとき、世の中の大方の見方は「新聞社ならニュースをたくさん抱えているから『週刊朝日』『サンデー毎日』はうまくいくだろうが、そうでない出版社系週刊誌は果たしてやっていけるのだろうか、すぐにも姿を消してしまうのではないか」というものだった。

ところが現在、総合週刊誌を部数の多い順に並べると、『週刊文春』（五六万部）、『週刊新潮』（四九・五万部）、『週刊ポスト』（三五万部）、『週刊現代』（三一万部）であるのに対し、『週刊朝日』（一九万部）、『サンデー毎日』（七万部）……と、出版社系総合週刊誌の方が新聞社系に比べ元気だ（日本ＡＢＣ＝新聞雑誌部数公査機構＝協会〇七年下期販売部数による）。

なぜか。

理由のひとつは、ここにあげた新聞社系総合週刊誌が新聞流のまず「より早く、正確に」の客観報道の編集センスや雰囲気から抜け切れないまま、作られていることにあるのではないか。「①より早く、②正確に、③できれば深く」の編集センスは新聞の紙面制作にはふさわしくても、必ずしも雑誌本来の誌面づくりに向いているとはいえない。ここは「①より深く、②的確に、③できれば早く」が幅を利かせる主観編集の世界なのだ。「思い入れ」のこもっているほうが読者に読まれる面白い雑誌に仕上がっていることが多い。

絵を習っている知人がいる。女性のトルソー（胸像）をデッサンしていて、なんとか格好はついたものの、本人にもいまひとつもの足りない思いがある。

そうこうしているうちに、指導してくれる若い美大出の女の先生からこう言われた。

「思い切り、トルソーを抱き締めてごらんなさい」

スケッチがうわべだけをなぞったような線や面にとどまり、そのトルソーをどう感じているのか伝わってこないし、温かみや面白みもまるで感じられない、と見てのことだ。

乳房は痛いまでに尖っているのか、どれくらい腰はくびれているのか、背中から臀部《でんぶ》にかけてはどの程度厚みのあるスロープなのか、トルソーをじかに胸に抱いて、そこで生々しく感じ取ったもの、芽生えてきたさまざまの感情、それらを画布にデッサンしなさい、というのである。

ただ形だけではなく、対象のトルソーをじかに抱くことで生じた真新しい感情や思い――編集者の誌面への思い入れというのも、これに近い。それがあってはじめて、人を惹きつける雑誌になる。

『週刊朝日』が〇七年に創刊八五周年を迎えたのを機に、他社の週刊誌編集者たちがライバル誌にメッセージを寄せた（朝日新聞広告面〇七年二月一八日）。

「『週刊朝日』はすぐれた家庭誌である。すべてにほどが良い」（花田紀凱『週刊文春』元編集長）

「やはり、週刊誌は新聞に負けない、読者や社会をドキッとさせるような情報を発信し続けてください」（鳥越俊太郎『サンデー毎日』元編集長）

「週刊誌は新聞やテレビではできないスクープを飛ばし続けることが生命線だ。『週刊朝日』の場合には、正規軍たる朝日本体とは別個に、ゲリラ・ジャーナリズムとして果敢にタブーにチャレンジし読者の支持を得ることこそ、生き残るための方法論」（岡留安則『噂の眞相』元編集長）

「私は週刊誌の編集長時代、『週刊朝日』をライバルと考えたことはなかった。ところが、扇谷正造編集長以後五〇年近く眠っていた〝古老〟の週刊誌が、最近目を覚ましたようだ！　公正中立なんて言わないのがいい。（朝日）本紙のようにジャーナリスト宣言しないところがいい。読者の目線で考えるからいい。建前でなく本音で迫るからいい。タイトルがどぎつくなってきたのが、何よりもいい」（元木昌彦『週刊現代』元編集長）

それぞれ週刊誌像を言い当てている。

雑誌の編集現場には、たくさんの読者から毎号いろいろな注文や意見が舞い込んでくる。挿入ハガキや外部調査などにより自ら誌面調査することもしばしばある。表紙の写真が暗すぎてダメだとか、トップストーリーはすでに新聞が取り上げていたではないかといった意見がある一方、暗い表紙の写真はいまの世の中を象徴していてよい、ニュースをフォローし特集を組むのは話題を整理するのに役立つ、など、まるで逆の声が必ずある。


「編集長武芸十八般」の池島氏は、こう言っている。

月刊『文藝春秋』で、画家の安井曾太郎さんに表紙絵をしばらく描いてもらったことがあった。ところが、安井さんの絵はやや抽象的な要素もあって、新しい号が出ると必ず、今度の表紙は何が描いてあるかまったくわからない、という苦情が殺到した。

池島さんによれば、安井さんの表紙絵が届いたときに、編集長自身どちらが上で、どちらが下かよくわからなかったことも何度かあったそうだ。

ところが、安井さんが急逝したときに、読者からは哀悼の言葉や追悼の電話が殺到して「惜しい人をなくした」としきりに言われたという。

池島氏としては、うれしく思いながらも、これまで毎号文句を言ってきたあの読者たちはいったいどこにいってしまったのか、やや割り切れない気がした、と胸のうちを明かしている。

池島さんは、「こうした気儘《きまま》な読者を相手にどうするのか、読者はじつにバラバラで不思議な存在だと思った」と素直に述懐する。(2)

むずかしいのは、このような読者の意見や注文をまんべんなく取り入れて、あるいは取り入れるようにして編集した雑誌が読まれるかというと、そうではない。むしろ結果的には誰も読まない、売れない雑誌になってしまう恐れのほうが大きい。

それだけに、編集長がニュースをどのようにとらえ、どう位置づけて特集やレポートに取り上げ、どんなふうに結論づけていくか、編集長の一貫したセンス、考え方、思い、感性、個性がモノを言う。

『LEON（レオン）』（主婦と生活社）の「チョイもて」路線を打ち出した創刊編集長・岸田一郎氏は朝日新聞のコラムで、「『この雑誌は赤にするぞ』と決めたら真っ赤にしなきゃ。一番いけないのは満艦飾。売れてる雑誌のいいとこ取りや、三流の情報を何でもかんでも入れた総合誌は売れない。売れるには独自の旗を立てるべきだ」と指摘している。(3)

『週刊新潮』の創刊にもかかわり、新潮社の陰の軍師といわれた斎藤十一氏は、「自分が読みたい、面白いと思う雑誌を作れ。これなら受けそうだとか、誰それが喜びそうだなんて考えたらロクなものはできない」と常々社内でぶっていたという。(4)

「雑誌はこれまで、ノンフィクション・ライターや文芸作家を数多く生み出してきた。編集者は畑を耕し、種をまき、水をやり育てるという雑誌の機能をきちんと受け継いでいってほしい」と強調するのは、文藝春秋取締役の名女川勝彦氏。「雑誌は『雑』であるほどよく、ひとつの雑誌の中に、さまざまな内容や誌面のスタイルなどの変化があるほうがよい。その場合、『右』の人も『左』の人も連れてくることになるから、編集長は右も左もガッと力で押さえ込めるような人がよい」が持論だ。(5)

講談社で『週刊現代』の座を固めたあと、ライバルの小学館から実績を買われ『週刊ポスト』の創刊編集長に引き抜かれた荒木博氏は、講談社時代に仕えた一〇人の編集長から、どんなタイプの編集長が雑誌を伸ばすか、また逆にダメにするかをつぶさに眺め、よしとする編集長像を七項目にまとめたという。

塩澤実信氏の『雑誌をつくった編集長たち』（廣松書店）によると、次の通りである。

一、民主的な人はダメ。編集プランを多数決で決めるタイプの編集長だ。

二、ワンマンもほどによりけりだが好ましくない。蕎麦ではないが、兼ね合いには二：八がいい。下からのプランが八で、上からが二という感じ。
三、たまには、編集長のわがままを通せ。
四、全五段新聞広告のバランスを考えた誌面づくりを心がける。
五、やらねばならぬもの、やらなくてもいいものの編集長としての基準をつくっておく。
六、締め切り前後のギリギリの日でも、やるべきものはやる。
七、週刊誌の長は野球監督のようなもの。二五～三〇人の選手をひきいて戦い、勝たなければ意味がない。勝つとは、売れて部数が伸びることだ。(6)

もちろん表一（表紙）から表四（裏表紙）まで目配りをして、特集から目次、小さなコラム、読者の声、編集後記にいたるまで、編集長の目がきちんと行き届いていなければならない。

スキャンダルやゴシップを書き立てたり、でっち上げや捏造をいかにもほんとうであるかのようにノンフィクション仕立てで売り込んだりするのは、ここでいう「第1人称のジャーナリズム」や「独断と偏見」とはまったく別ものである。それらはジャーナリズム以前の問題だ。

『暮しの手帖』で一時代を築いた花森安治氏は往時、編集スタッフにこう説いていたという。

「一人ひとりのこころの底に、ぜひ焼きつけておいてほしいことがある。……ぼくをふくめて一人ひとりが、大きな爆弾を背負っているということだ。その爆弾は攻撃の武器になる。しかし、ひとつまちがえると自爆する危険性をつねにもっているということだ。ひとりのほんの少しの気のゆるみや油断が、今日まで築き上げた『暮しの手帖』のすべてを、一瞬にして崩壊させるおそれがある……」（唐澤平吉『花森安治の編集室』晶文社）

言葉や文章は「両刃の剣」であり、『暮しの手帖』の売りものである商品テストに過失や不正があれば、雑誌への信頼は瞬く間に潰《つい》え去ってしまう、というのだ。

「主観編集」と言った。だが印刷媒体はあくまでも一方からの情報伝達であり、ブログなど双方向のデジタルメディアとも異なる。**活字を扱う者に、それだけの自持《じじ》や自制が求められる**のはごく当たり前のことだ。

新雑誌を出す際には、各社ともなんらかのタスクフォースや開発チームを立ち上げて創刊計画を練ることが多い。

起用予定の編集長はできるだけ早い段階からチームに入って検討に加わったほうがよい。編集長が中心になり、発行人も加わって新雑誌のコンセプト（概念）や、想定読者、読者ユニバース（潜在読者も含めた読者層）、部数計画、収支計画などを徹底的に議論する。編集長や開発チームには社として、先方が閉口するくらい厳しい注文もどんどんつける。

揉みに揉んで計画が固まり、創刊が正式に決定して第一号が誕生したら、読者の反応を仔細に見ながら、可及的速やかに計画と実際のズレ、それをどう修正していくかなど、速やかに手を打たなければならない。

だが、雑誌が軌道に乗り編集長が巡航速度で編集活動を続けられるようになったら、定期的なデスク会などの集まり以外では、「ああすべきだ」とか「こうすべきではなかった」などと、あまり口うるさくあれこれ言わないほうがよい。

もちろん実際に作られてくる雑誌が当初決めたコンセプトから逸脱していないか、想定読者と現実の読者にズレはないか、目標発行部数は確保できているか、採算はどうなっているか、など基本になることはキッチリおさえる。そのうえで必要な措置はすぐに講じてもらうものの、あとの毎号の具体的な雑誌づくりは編集長の「独断と偏見」に委ねてしまう。その雑誌についてこれはと思う編集長を起用した以上、当然のことでもある。

編集長に任せたのはいいけれども、その編集長の思い入れで作った雑誌が読者に実際に受け入れてもらえるかどうかは、いざふたを開けてみなければわからない。

その場合、もし編集長のやり方がうまく機能しなかったり、どうしても読者に合わなかったりしたら、編集長のやり方をあれこれいじって変えていくよりは、ひと思いに編集長自身を替えてしまうほうがよい。

それが「第1人称ジャーナリズム」の雑誌を作る編集長との付き合い方というものだろう。

編集長たる者のイメージは、洋の東西を問わないようだ。

常盤新平氏は『アメリカの編集者たち』の中でこう書いている。

米『ニューヨーカー』はこの雑誌抜きにしてニューヨークは語れないといわれるほど都会的に洗練された雑誌である。その雑誌の創刊から四半世紀にわたり編集者として半生をささげたハロルド・ロスはあるとき、職場で衝突したあと仲直りして、バーで一緒に酒を飲みながら、しみじみこう語ったという。「私はこの雑誌と結婚したんだ。雑誌のことしか頭にないんだ」(7)

常盤氏はさらに、米『ニューヨーク』の創刊編集者を経て『エスクァイア』を買い取ったクレイ・フェルカーは「雑誌の活力は大きな出版組織や編集方針、活発な宣伝、有能なセールスマンに依存するのではなく、ひとりの人間が編集者として描く夢の活力に依存する」といつもよく説いていた、と記している。


雑誌はだれのものか。

あえていえば、「編集長のもの」である。

それが、「第1人称のジャーナリズム」である雑誌の特徴だ。

「人民の、人民による、人民のための」政治が米リンカーン大統領流の民主主義であるなら、雑誌は「編集長の、編集長による、編集長の（ための）」メディアである。そしてそれがとりもなおさず、「読者の、読者による、読者のための」雑誌になるのが、この媒体の面白いところだ。

米アップルの創業者・CEO（最高経営責任者）であるスティーブ・ジョブズは〇五年六月、米スタンフォード大学の卒業式記念講演で、学窓を後にして社会に羽ばたく二万三〇〇〇人もの卒業生に、こうはなむけの言葉を贈った。

「いつまでも、ガツガツしていなさい、いつまでも、おバカさんでいなさい（Stay Hungry, Stay Foolish）(8)」

置かれた状況や対象となる相手はまるで異なるものの、雑誌編集長や編集者に対する筆者の気持ちはこれに近い。

（1）『雑誌記者』（池島信平　中公文庫）
（2）『雑誌記者』（前出）
（3）「仕事を語る」朝日新聞〇七年三月二〇日夕刊
（4）「書名のツボは『タメゴロー』」石井昂新潮社常務　朝日新聞〇六年八月三日夕刊
（5）日本出版学会「出版流通研究部会」講演（08/4/15）
（6）幾つかの編集者像がある。よく知られたもののひとつが、作家開高健氏の「編集者マグナ・カルタ九章」。
「読め。耳をたてろ。目をひらいたままで眠れ。右足で一歩一歩歩きつつ、左足で跳べ。トラブルを歓

迎しろ。遊べ。飲め。抱け抱かれろ。森羅万象に多情多恨たれ。補遺一つ。女に泣かされろ。上の諸原則を毎食前食後、欠かさず暗誦なさるべし」。筑摩書房前専務・編集部長の松田哲夫氏は「編集者は読者である、コレクターである、雑用係である、サービス業である、校正者である、制作担当者である、デザイナーである、営業担当者である、批評家である、ライターである、学者である、企画者である、プロデューサーである」の一三項目をあげる（『編集狂時代』新潮文庫）。筆者が期待する編集者像は「あとがき」に。

（7）『アメリカの編集者たち』（常盤新平　集英社）

（8）http://news-service.stanford.edu/news/2005/june15/jobs-061505　いまでも語り草になっているこの言葉を筆者が初めて耳にしたのは、講師を務めた日本経済新聞論説委員（当時）の西岡幸一氏が言及、紹介した「監査役懇話会」研究会（05/10/6）の席上であった。現在はジョブズのスピーチをユーチューブ（YouTube）などの動画像で見ることができる。

第三章　ウェブ時代の雑誌

「最新号の雑誌を抱えて東京の地下鉄に乗り、同一車両内に同じ雑誌を持った乗客がほかにいたら、その媒体の発行部数は三〇万部、実売で二〇万部はまず堅いと踏んでいた。が、残念ながら最近そうした光景にはとんとお目にかからなくなった」——小学館執行役員の岩本敏氏はこう嘆く。(1)

雑誌の不振が続いている。

出版科学研究所によると、雑誌の売れ行きは〇七年、前年に比べ三・一％減の一兆一八二七億円。一〇年連続の前年割れである。書籍も同三・二％減の九〇二六億円にとどまった。

雑誌の内訳を見ると、月刊誌が同四・一％減の九一三〇億円、週刊誌が同〇・八％増の二六九八億円と月刊誌のマイナスが目立つ。この一〇年で最大の落ち込み幅である。もっとも週刊誌はたまこの項目に分類されている分冊百科が好調だったためで、既存の週刊誌としてはやはり同約二％の減少だった。雑誌返品率も同〇・七ポイント増の三五・二％と、書籍並みの悪い水準に高まってきた。

雑誌と書籍の売り上げの割合を見ると、一九五〇から六〇年代初めは雑誌が書籍の売り上げを上回っていた。逆に六〇年代後半には書籍が雑誌を上回っていたが、七〇年代前半はせめぎ合いが続く。雑誌が書籍を上回るようになったのは七六年。それ以降は一貫して、「雑高書低」の売り上げが続き、九八年には雑誌が六〇%以上の比率を占めるまでになった。〇七年の比率は雑誌五七対書籍四三。

「出版は水もの」といわれるように、書籍はどうしてもベストセラーやヒットの多寡によって売れ行きがバラつく。それだけに、定期購読者もいる雑誌が安定的に売れることが出版界全体にとって必要だ[2]。

『ダカーポ』『SAY』など二一八誌が〇七年、休刊となった。休刊誌の数としては出版科学研究所の一九五八年の調査開始以来、最多である。創刊誌も多くは苦戦を強いられた。

『主婦の友』は〇八年六月号で休刊に。

一九一七年（大正六年）創刊の老舗《しにせ》の雑誌だ。『婦人倶楽部』などとともに四大婦人雑誌として人気を集めてきたが、他の三誌はすでになく、最後の一誌として孤塁を守ってきた。休刊時のＡＢＣ部数は七万五〇〇〇部。ピーク時には一六〇万部あった。

一九一七年の創刊当時、多くの女性が自営の商店・町工場で働いたり農作業したりしながら家事もこなしていた中で、家事や育児だけに専念できる「主婦」は恵まれた存在であり、憧れの的だった。

家計を維持するため共働きがあたりまえになってきたきょうこのごろ、専業「主婦」はいずれ再び希少価値のある幸せな存在として脚光を浴びることになるかもしれない。が、少なくともいま、「主婦」という言葉に三〇～四〇代の女性を惹きつけるだけの十分な魅力はなかったようだ。

『読売ウイークリー（週刊読売）』（読売新聞社）、『月刊現代』（講談社）両誌が〇八年師走、相次いで休刊に追い込まれた。

『読売ウイークリー』は四三年の創刊で、六五年の伝統がある。当初は月刊誌として創刊された。『月刊現代』は四二年の歴史を持ち、講談社の看板雑誌であった。それぞれ販売部数の落ち込み、広告収入の減少が響いた。〇八年秋の『論座』（朝日新聞社）、『PLAYBOY日本版』（集英社）休刊などに続く大型の雑誌終焉《しゅうえん》となった。

別の毎日新聞「読書世論調査〇八年版」によると、雑誌を買う機会は明らかに減ってきている。雑誌購入が「減っている」は四八％と半分近くあり、「増えている」はわずか八％にとどまる。「減っている」理由としては、「忙しくて読む時間がない」二六％、以下「読みたい雑誌・記事がない」一九％、「読むと目が疲れる」一六％、「インターネットの方がより情報が早く豊富」一四％、「テレビやインターネットの方が楽しい」一二％と続く。

雑誌についての評価を聞いたところ、「思う」「ある程度思う」を合わせた肯定的な評価は、「新しい視点やアイデアが得られる」「欲しい情報が手軽に手に入る」「情報の信頼度が高い」などの項目だった。

「本離れ」と「テレビ・DVDの普及」「インターネット・携帯電話の普及」の関係について聞いたところ、テレビ・DVDについてはその影響が「大いに（ある）」「多少は（ある）」を合わせると、「あ

雑誌販売金額の推移

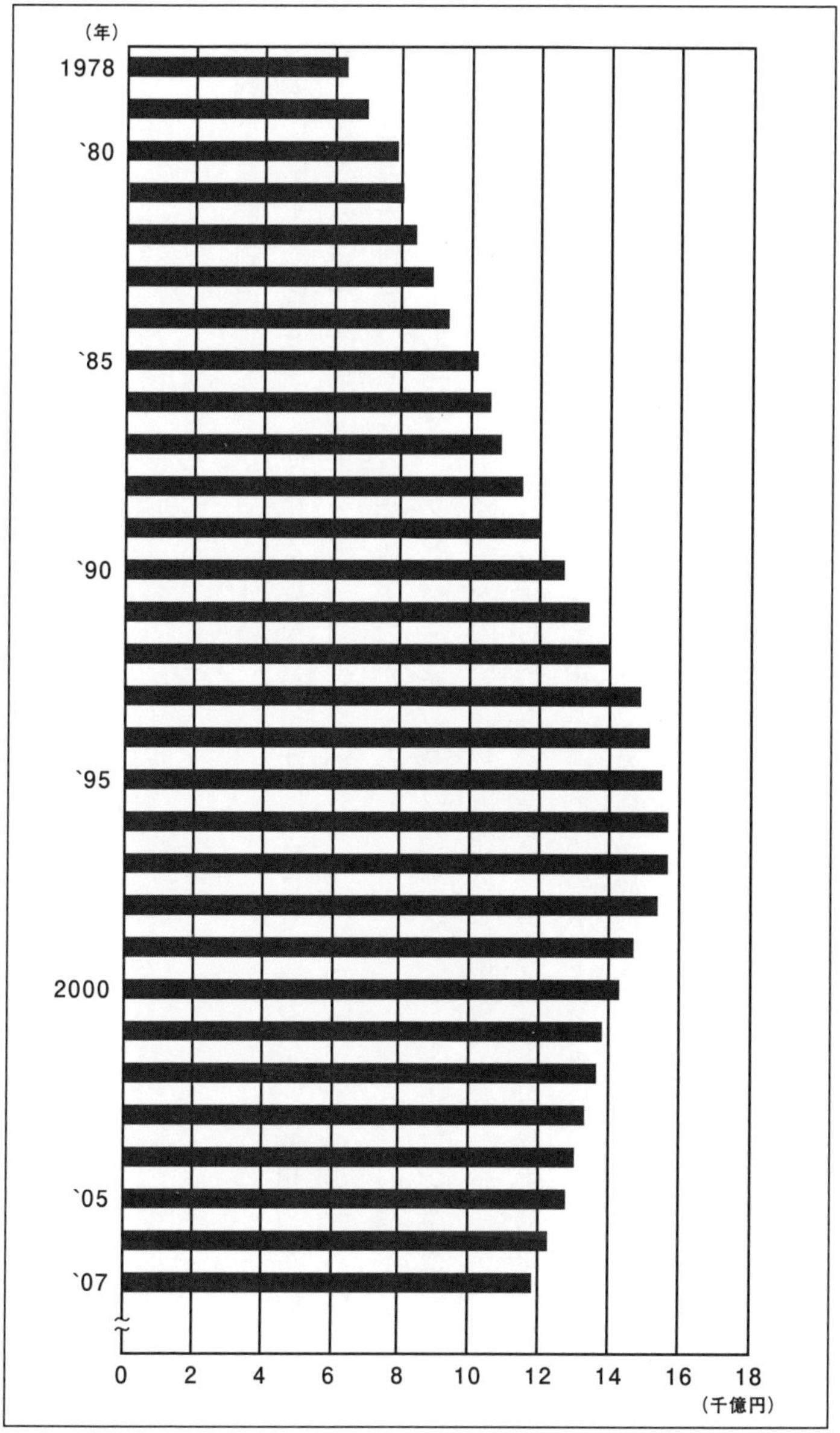

資料　『出版指標年報』『出版月報』出版科学研究所

る」が八七%、ネット・携帯については「ある」が八六%の答え。年代別には若い世代ほど、ネット・携帯が本離れにいっそう大きな影響を及ぼしていると受け止めている。

戦後の雑誌創刊の推移をざっと見てみよう。

太平洋戦争が敗戦を迎え、思うにまかせない用紙・印刷事情にもかかわらず、『眞相』『世界』『展望』『新生』『思想』『改造』『中央公論』『文藝春秋』『寶石《ほうせき》』『知性』『新評』などの思想誌や総合誌が一斉に創・復刊され、焦土に百花斉放《ひゃっかせいほう》を競った。

『群像』『新日本文学』『新潮』『文藝』『文学界』などの純文学誌、『オール読物』『小説新潮』『面白倶楽部』『講談倶楽部』『大衆小説』などの娯楽読物誌も相次いで創・復刊された。

けばけばしい表紙や露骨な雑誌名、扇情的な記事で構成され、三号続ける(三合飲み続ける)とつぶれてしまうとして名づけられたカストリ雑誌も、雨後の竹の子のように書店店頭を埋めた。『りべらる』『夫婦生活』などの性風俗誌も創刊され、敗戦後の開放的な空気を反映した。

『近代映画』『スクリーン』『キネマ旬報』の映画誌が創・復刊、スポーツ誌『ベースボール・マガジン』『相撲』『モーターファン』もお目見得し、占領下や占領解除後にスクリーン・スポーツ・セックスの3S分野で雑誌が出揃った。

大衆娯楽誌の『平凡』『明星』が登場、人気を集めた。

『主婦と生活』『主婦の友』『婦人生活』に『暮しの手帖』『ドレスメーキング』などの婦人誌が創・復刊された。『少年』『少女』『少年画報』『冒険王』『漫画王』などの少年少女誌もタイトルを増やしていった。

『三彩』『美術手帖』『藝術新潮』『レコード藝術』『日本カメラ』『アサヒカメラ』『近代将棋』『囲碁』『俳句』『短歌』など、さまざまの趣味誌が競い合うように創・復刊された。

総合週刊誌に『週刊読売』『週刊サンケイ』も加わった。

昭和三〇年代（一九五〇年代半ば）に入り、出版社系初の総合週刊誌『週刊新潮』が姿を現し、『週刊現代』『週刊文春』が続いて週刊誌ブームを呼ぶ。

女性誌の『週刊女性』『（週刊）女性自身』、『（週刊）女性セブン』もほぼ同時期に足並みをそろえた。硬派の『朝日ジャーナル』『週刊時事』『週刊公論』、娯楽誌の『週刊明星』『週刊平凡』『週刊大衆』も相次いで創刊された。一九五九年には『週刊少年マガジン』『週刊少年サンデー』がそれぞれ講談社、小学館から創刊され、「週刊」「コミック」をキーワードにする新分野を切り開く。

一九六〇年代に入って、『マドモアゼル』を皮切りに、『ミセス』『ヤングレディ』などの女性誌、『ゴルフダイジェスト』『プレジデント』『プレイボーイ』『ヤングコミック』『ビッグコミック』などのスポーツ・ビジネス・男性・コミック誌分野で、カタカナの雑誌名が目立つようになった。

六〇年代半ばには「週刊」「コミック」分野で、集英社の『少年ジャンプ』が後追いし、『漫画アクション』『ヤングコミック』『漫画パンチ』『ビッグコミック』などが青年・成人向けに創刊され、コミック誌というひとつの大きな分野を築いていった。

六〇年代末から七〇年代初めにかけて、『諸君!』『正論』などの論壇・オピニオン誌が姿をみせ、さらに『AERA』『週刊金曜日』『論座』へとつながっていく。『ぴあ』や『就職ジャーナル』『とらばーゆ』『フロム・エー』などのエンターテインメント・就転職情報誌もこの時期に登場した。この延長線上に街角情報の『Tokyo Walker』などが続く。「もしお断りしても気を悪くなさらないでください」のキャッチコピーで話題を呼んだ直接購読誌『日経ビジネス』が六九年に創刊された。

一九七〇年に平凡出版（現マガジンハウス）の『an・an』、その翌年に集英社の『non-no』がスタートし、若い女性が雑誌の情報でおしゃれを楽しむ「アン・ノン族」ブームを生み出す。アン・ノン族の成長に合わせて、アルファベット名の女性誌はさらに八〇年代にかけて、『MORE』『LEE』『JJ』『CLASSY』『with』『ViVi』『CanCam』『ef』などが続く。女性ファッション分野の大きな流れだ。

一九八〇年代（昭和五〇年代半ば）に入り、初頭の八〇年には創刊二三五点と新雑誌ブームを招いた。翌八一年に出た雑誌も含めてその顔ぶれを見ると、『Number』『BOX』『写楽』『BRUTUS』『BIG tomorrow』『週刊宝石』『FOCUS』『ダカーポ』などの男性向け雑誌、『with』『CanCam』の女性誌などである。趣味やスポーツ、ファッションなどの分野で創刊ラッシュとなった。

『monoマガジン』『DIME』『日経TRENDY』『Goods Press』とモノやトレンドにこだわる雑誌

も勢ぞろいした。

『新潮45＋』『鳩よ！』『SAPIO』『サライ』『danchu』などの中高年向け、団塊の世代向けの個性的な雑誌も八〇年代に目立つようになってきた。

『電波技術』を皮切りに、『エレクトロニクス』『トランジスタ技術』『月刊ASCII』『ASAHIパソコン』『日経エレクトロニクス』『日経コンピュータ』『日経パソコン』などがIT（情報技術）や関連産業の発展とともに、時間をかけながらひとつの分野を固めていった。

九〇年代から二〇〇〇年代にかけては、創刊誌の点数そのものが少なく、活力も元気も感じられない。その中で印象に残ったり、世の中を引っ張ったりするといった個性的な雑誌もほとんど見かけられない。

歌は世につれ、世は歌につれ――時代を反映し、雑誌の世界もまさに「失われた一〇年」であった。

雑誌がなぜ、不振に陥ったのか。

雑誌や雑誌読者を取り巻く受け手側の状況が大きく変化してきたことが、まずある。

一つは、インターネットや携帯電話などデジタルメディアの浸透により、活字メディアの雑誌が編集・販売・広告面で押され、打撃を受けていることだ。

二つには、好調だった雑誌を支えてきた中核読者のわが国中間階級がここにきて勢いを失い、余力をなくしていることだ。

雑誌の作り手側の問題も大きい。

デジタルメディアの台頭に気を取られたまま、作り手の編集陣が百年一日の如く、締め切りがきたらともかく雑誌を作って送り出す、といったマンネリズムに陥っていないだろうか。雑誌はあくまでも「深く、的確に」である。デジタルメディア時代に対応、雑誌としてのメディアの特性を十分発揮、差別化することでむしろ成長する好機でもあるのに、そのあたりの認識が十分ではないように見受けられる。

編集長が自らの「独断と偏見」に基づく「主観編集」で面白い誌面を作っているようにも読み取れない。編集長がサラリーマン化し、ただ空気を読むことだけに気を取られているようでは、読者をワクワク興奮させるような誌面は提供できない。もっととことん、自らの雑誌に思い入れ、惚れ込んでほしい。


雑誌や読者を取り巻く状況の変化については、第四章・第五章で詳しく見ていく。

雑誌不振に対応する動きも目につくようになってきた。

大きく分けて、

①読者層のねらいを細かに定めるなど、**一工夫加えて新しい雑誌を創刊する動き**
②**活字媒体の雑誌にウェブのオンラインサービス**を加えたり、これまでの雑誌のコンテンツを丸ごとウェブの電子雑誌に切り替えたりする流れ
③**ウェブを使って通信販売事業を取り入れたり、サークル活動を展開**したり、編集者のブログを加えたりして、営業面でも雑誌読者との関係をよりいっそう強めたり、囲い込んだりする試み

——である。
②③は、雑誌とデジタルメディアの「クロスメディア化」により事態打開を目指す動きだ。

（1）「出版バリューマネジメント研究会」講演（05/6/30）
（2）もっとも、雑誌・書籍を合わせた年間販売額は二兆八五三三億円（〇七年）と決して大きな数字ではない。メーカーなら、買収されパナソニック翼下入りした三洋電機、サービス企業なら電通の年間売上高程度にすぎない。雑誌だけだと、せいぜい味の素やクロネコ宅配便のヤマトホールディングスの年間売り上げ並みだ。

1　読者絞り込み型や専門型の雑誌で活路

『編集会議』(〇八年五月号　宣伝会議)は雑誌の休刊が相次ぐ中、「いま、完売する雑誌の秘密」を特集した。それらの雑誌の中で『BRUTUS』『PC fan』『論座』『REINA』などの編集長から、完売になった特集や特別付録について話を聞いている。

「雑誌づくりは料理と同じ。『材料＝テーマ』と『料理法＝エディット技術』がセットになり、それにタイミングが合ってはじめて売れる雑誌ができる。……何をそぎ落として何を細かく突き詰めていくか、そのさじ加減を決めるのは編集者の技術や感覚。その感覚が独自の切り口を生む。編集者っていうのはオールマイティ、かつマニアックであるべきだ」(「犬のこと」『BRUTUS』マガジンハウス)

「視点を柔軟に変えて、読者が求めること、ホビー誌やビジネス誌にはできない本誌だからできることに焦点を合わせれば、未来は明るいはず」(「Windows Vista超完全攻略」『PC fan』毎日コミュニケーションズ)

「新聞には速報が求められるけれど、雑誌にはひとつのテーマをじっくり寝かせてより深く掘り下げて伝えることが求められる。読んだ人がそこから何かを発信できるような雑誌を目指したい」（「渡辺恒雄氏が朝日と『共闘』宣言」『論座』朝日新聞社）

「この号は付録目当てで購入した方も多かった。……新しい読者を開拓できたという意味では大成功……独自性に富んだ内容で差異化をはかっていきたい」（特別付録特製ポーチ『REINA』ＫＫベストセラーズ）

分野やねらいはそれぞれ違え、売れる雑誌の作り方は奇策や妙策によるのではなく、雑誌編集の基本をしっかり踏まえて作ることにある、という点で似通う。

『論座』（〇六年二月号）は朝日論説主幹（当時）・若宮啓文氏と読売主筆・渡辺恒雄氏による異色の対談記事「靖国を語る・外交を語る」を載せ、注目を集め完売となった。が、広告収入の落ち込みなどから収支が改善できず、〇八年秋休刊。

多くの雑誌が軒並み、部数の前年割れや頭打ちを招いている中で、前年に比べ部数を二ケタ増やした雑誌がある。比較可能なＡＢＣ加盟一四二誌のうちの一〇誌ほど（ＡＢＣ部数、〇七年下期）。おおむね共通しているのは、雑誌として分野を絞り込んだり、独自のスタンスを打ち出したりしていることだ。

一〇代の女の子向け『コンプティーク』（角川書店）、『ポップティーン』（角川春樹事務所）、アイドル・スター情報の『JUNON』（主婦と生活社）、『Wink up』（ワニブックス）、ＩＴ・ＰＣ分野の『アスキー・ドット・ピーシー』『Mac People』（アスキー・メディアワークス）、『日経LINUX』（日経ＢＰ社）、建築プロ向け『建築知識』（エクスナレッジ）、自然環境・暮らしの『天然生活』（地球丸）、幼児がいる家庭向け『ボンメルシィ！リトル』（ベネッセ）である。

デジタル時代下、活字メディアとしての雑誌をもう一度見直し、読者層を絞り込んだりテーマを見定めたりしてから、新しく雑誌を出そうとする動きも盛んだ。部数低迷や休刊など不振の事例を目の前で見聞したり、味わったりしているだけに、誌面からは情報津波の中で船を新たに漕ぎ出す必死の気持ちが伝わってくる。

女性誌では『AneCan（アネキャン）』（小学館）、『marisol（マリソル）』（集英社）、『GRACE（グレース）』（世界文化社）の三誌が〇七年三月に同日創刊され、話題を呼んだ。

『AneCan』は「CanCam卒業生のためのファッション＆情報誌」として二〇代後半の読者にね

らいを定め、『marisol』は「女の魅力、上品に自己主張します」、『GRACE』は「『優雅な女性』になるためのハイクオリティマガジン！」をキャッチフレーズに、それぞれ四〇代女性に的を絞った。『AneCan』は世代的にも好調『CanCam』の上を目指し、同日創刊三誌の中ではもっとも堅調とみられる。『GRACE』は一年余で休刊、「〇九年秋に新装刊」（『GRACE』編集部）という。

男性誌では「団塊の世代」を読者の主対象にした中高年向け雑誌が目を惹く。団塊の世代が少年期であった一九六〇年代半ば、『少年サンデー』『少年マガジン』などが創刊された。さらに『平凡パンチ』や『ガロ』、『少年ジャンプ』など、それぞれ読者との強いつながりを持つ雑誌が続いた。

こうした雑誌への懐かしい記憶やノスタルジーを持ち合わせる世代が定年を迎え、仕事から解放され自分の時間を持てるようになった。団塊の企業戦士の休息に、再び雑誌を手に取ってもらおうというねらいだ。

「一日一日をもっと自由にいきいきと楽しむマガジン。健康で快適で美的なライフスタイルを追求し、提案する」との売り出し文句で創刊されたのが、月刊誌『百楽』（ケイアイ）。「メインテーマは『アンチエイジング（加齢に抗していつまでも若く）』。各分野トップの専門家が毎号登場、医学理論としてのアンチエイジングを謳うだけでなく、衣食住すべてにわたりニューシニア世代への快適生活を提言する」という。実際の誌面としては「特集　心に残る日本の名歌――美しい国の雪月花」といった具合だ。

『駱駝《らくだ》』（小学館）は二ヵ月に一回の隔月刊誌。「大人のための生活実用情報誌」として定着した隔週刊誌『サライ』を足がかりに誕生した。

「私たちがこれから歩む超高齢社会への道は、『老いてますます盛ん』を実践する道でありたいもの。……『サライ』から生まれた新雑誌『駱駝』は、豊かな時間を有意義に前向きに活用する術を提案する、わが国初のハッピー・リタイアメント応援の雑誌」という触れ込み。〇八年末、『プラチナサライ』として新装刊。

隔月刊誌『Z（ジー）』（龍宮社出版）の創刊は、「五五歳以上の粋な爺（じい＝Z）たちに向けて、洗練されたファッション情報や知的なライフスタイルを提案するこのクラス初のファッション情報誌」がうたい文句だ。

「モノのセレクトにとことんこだわる……ライフスタイルを求める男性の雑誌」として月二回刊誌『pen（ペン）』を出している阪急コミュニケーションズは〇八年二月、一年前に出した月刊誌『アテス（ates）』を新装刊、『アテス（ATES）』に衣替えした。団塊の世代よりもう少し下の若い層をねらい、「人生の半ばを迎え、まだまだ進化を続けようとする男たち」向けに、「『リノベーション』をコンセプトに、創造的な発想と行動で生活・時間・人生を再創造するための雑誌」として編集する方針という。

かつては雑誌に胸を躍らせ手に汗握ったことがある世代とはいうものの、その後多くの人生経験を積み重ね、センスを磨き目も肥えた中高年層が相手である。その心をしっかりとらえ、固定読者として定着させるには、雑誌として一工夫も二工夫も必要だ。

創刊誌もやはり厳しい風雨にさらされている中で、新潮文庫が生み出した季刊誌『yom yom（よむよむ）』が好調だ。

「文庫本でおなじみの大好きな作家が、『いま書いた小説』を毎回読み切りでお届けします。……新しい作家の作品もどんどん紹介していきます……誰よりも早くお気に入りの作家を見つけられるはず」の「新しい文学雑誌」という触れ込み。

ファンタジー特集（〇八年三月号）は、六年半ぶりという小野不由美の『十二国記』新作を載せて完売、書店の間で「版元が増刷に踏み切った」と話題になった。発売前から書店には読者の問い合わせが殺到し、ウェブ上でも「人気作家が軒並みラインアップされていて、ファンタジーファンにはたまらない充実した内容」といったレビューが飛び交った。

「なんとか創刊二〇周年にこぎつけられる」と振り返るのは、「世界が見えれば日本が分かる！」をキャッチフレーズに掲げ、国際情報分野に特化した『SAPIO』編集長（当時）の塩見健氏。「国際情報誌」と銘打ち小学館が隔週刊で同誌を創刊したのは、八九年六月。折からベルリンの壁崩壊、東・西ドイツの統一、東西冷戦の解消など、国際情勢に大きな動きがあった。時をほぼ同じくしてNHKが衛星放送（BS）の本放送を開始しており、国際問題や海外事情などへの関心は高いと見ての創刊だった。

塩見氏は三代目編集長。色白、大柄である。硬派の雑誌の編集長にしては、メガネの奥の表情が意外に柔和。

「曲折はあったが、ここ数年は『正論』（産経新聞社）や『論座』（朝日新聞社）などのオピニオン誌とも異なる視点から編集するよう心がけてきた。海外から見た日本や日本人といった取り上げ方も折々試みている。記事によっては、熱心な読者のほか、在外公館や外交筋から思いがけない強い反響がかえってきたりすることもしばしば」と強調する。

部数は約八万部（ABC部数）と底堅い。ライバル誌の『DAYS JAPAN（デイズジャパン）』（講談社）や『BART（バート）』（集英社）はとうの昔に姿を消した。

最近では「北朝鮮金王朝を揺るがす『紙爆弾二五連発』」といったトップストーリーも反響を呼んだが、このところ特集テーマで人気なのは、中国もの。それもガチガチの日中間防衛問題や中国軍事力といった硬派ものより、食品の衛生問題や大気汚染問題など生活関連のテーマに読者の関心が高いという。

中心になる読者は五〇～六〇代と二〇～三〇代のふたこぶラクダ型。「できれば今後は、二〇～三〇代の読者をもっと増やしたい」と塩見氏。[1]

スポーツ〝総合誌〟『Number』（文藝春秋）を追う形で刊行された『VS』（光文社）などは休刊になった。だがサッカー専門誌は、ワールドカップ・フランス大会のぶざまな敗退や中田英寿選手引退などに足を引っ張られながらも、走り続ける。同じサッカーでも国内を中心とする週刊誌（『週刊サッカーマガジン（略称サカマガ）』ベースボール・マガジン社、など）と、欧州など海外サッカーに焦点を合わせた月二回刊誌（『ワールドサッカーダイジェスト（略称WSD）』日本スポーツ企画出版社）のように、雑誌の対象を国内と海外に分けて絞り込み、固定読者からそれぞれ熱いサポートを受けている。

雑誌王国の米国の場合、「大部数のゼネラル・インタレスト誌の凋落《ちょうらく》に代わって特定の趣味、職業、年齢層、地域を対象としたスペシャル・インタレスト雑誌群は早くも七〇年代には登場」している。

金平聖之助氏の『アメリカの雑誌』によれば、スペシャル・インタレスト誌が盛んになった要因としては、

① 社会の複雑化とともに職業の細分化がいちだんと進み、……その必要を満たす専門雑誌が必要になった。

② ……新しい好みや自由を楽しむ層が誕生している。

③ 高等教育が普及、……若き知識層の出現によってスペシャル・インタレスト誌の創刊が促進された。

④ ……より多くの一般市民がさまざまな趣味やスポーツなどの余暇活動に参加できるようになった。

⑤ 女性の社会進出が活発化、……金銭上の理由から参加する余裕のなかったさまざまな余暇活動にも、参加することが可能になった。

——など。(2)

「総合」から「専門」へ——多かれ少なかれ、いまのわが国に共通するものがある。ネット時代に入ってそれがいっそう明確になってきたということだろう。

専門分野や特定のジャンルということで注目されるのは**分冊百科**である。

『出版月報』(出版科学研究所)は〇七年の雑誌販売がおしなべて不振な中、「売れたのは付録つきの雑誌と分冊百科ばかりだ」と指摘した(〇八年一月号)。

パートワークやワンテーマ・マガジン、ウィークリーブックなどとも呼ばれる分冊百科は、ひとつのテーマに絞って週刊や隔週刊で薄型冊子を発行、多くは半年から一、二年程度でシリーズを完結させる。

分冊百科は同年、定期誌だけで前年比四一％増の二四点が創刊された。専門出版のデアゴスティーニ・ジャパンが発行点数を増やしたほか、『週刊古寺を巡る』（小学館）、『週刊原寸大日本の仏像』（講談社）などがヒットした。企画や内容の多様化や細分化が進んで、書店の店頭でも専門コーナーが設けられるようになってきた。

分冊百科が好調な理由は何か。

①雑誌にしても、読者が読みたい号だけを買うようになってきた中で、特定のテーマに沿った内容以外はそぎ落とした機能性が受けている。
②インターネット時代に入って、読者のところに押し寄せる情報量が膨大になりすぎ、一定のテーマについて知識や情報を効率よく整理し体系化した分冊百科が重宝がられるようになった。
③作り手の出版社からすれば、既存のコンテンツや手持ちの人材を活用したり、テーマを一定期間後に趣向を変えて再登場させたりして、開発コストを減らせる。

――などがあげられる(3)。
ネット時代にあって、分冊百科はこれからも注目を集めそうだ。

インターネットの時代になって直販誌もあらためて見直されている。

読者からあらかじめ購読予約をもらうことにより収入や作り部数が安定する、号に左右されず読者に必要で良質な情報を提供できる、読者との間で一種の「絆」のような関係を作り上げることができる——などの理由からだ。

デジタル時代にあって、読者にできるだけ専門度の高い深掘り型の情報を提供していくことが求められるが、直販誌はそれになじむのである。

読者に購読を勧誘する場合、これまでは大量のダイレクトメールの郵送や宅配によるほかなかったが、最近ではネットを活用できるようになったことも大きい。定期購読読者との結びつきの強化なども、ネットを利用できるようになった。

『いきいき』(ユーリーグ)、『毎日が発見』(角川SSコミュニケーションズ)、『いぬのきもち』『ねこのきもち』(ベネッセ)、『和楽』(小学館)などの直販誌は、このような背景を後ろ盾に業容を拡大している。リクルートは〇八年五月、「五〇代からの暮らし応援情報誌」と銘打って直販誌『コレカラ』を発刊した。朝日、読売朝刊にそれぞれ全面広告を打ち、定期購読者を募る力の入れようだ。

(1) 出版関連会合での発言(如水会館 08/2/25)
(2)『アメリカの雑誌』(金平聖之助 日本経済新聞社)
(3)「特集・新局面を迎えた分冊百科」(『出版月報』〇三年五月号)

2　加速するクロスメディア（1）――編集コンテンツでウェブと手を結ぶ

次は、**クロスメディア化**。

活字媒体の雑誌にウェブサービスを加えて、一体で編集内容や情報を提供したり同調させたり、紙媒体をウェブ上のデジタル誌に切り替えたりする動きだ。

「教育」「妊娠・出産・子育て」「語学」「暮らし」「介護」――これら五分野の雑誌・ウェブ・通信教育・通信販売などをネットで総合的に案内するのは、ベネッセ。

利用者が「妊娠・出産・子育て」にアクセスすると、「通信教育・雑誌・通販などを通じ、妊娠・出産・子育ての不安や戸惑いを解消します」として、さまざまのメニューに触れることができる。

ウェブ上で、雑誌『たまごクラブ』『ひよこクラブ』の誌面内容がつかめるのはもちろん、育児の悩みごとなどについて情報を交換し合う「ウイメンズパーク」、育児グッズに関するクチコミサイト「たまひよ・いちおしネット」、子どもの名前のつけ方で鑑定や提案を受ける「たまひよ・名づけ博士」、妊娠・出産・育児・ペット関連の商品から通信講座まで取り揃えた通販サービスなどが利用可能だ。

「常に社会との調和を図りながら　新しい情報価値の創造を通じて　自由で活き活きした人間社会の実現を目指す」――を企業理念に掲げるリクルート。

リクルート本体の売り上げだけで五〇六五億円、経常利益は一三五二億円、グループ全体の連結ベースでは売り上げ一兆六六億円と一兆の大台に乗せる（〇八年三月期）。従業員は八〇〇〇名を上回る。

デジタル時代に入って、事業の重点を有料情報誌からインターネットとフリーペーパー（無料誌・紙）に切り替え、果敢に新たな展開をはかる。

リクルートのネット時代への対応は、その規模と速さで「ふつう」の出版社を圧倒する。

フリーペーパーとしては、クーポン付き地域情報誌『ホットペッパー』、二五歳以上の男性週刊誌『R25』、同じく女性対象の『L25』、地域住宅情報誌『住宅情報タウンズ』、ウェブサイトとしては、「イサイズ」（各情報誌と連動したポータル＝入り口＝サイト）、「じゃらん」（宿泊予約サイト）、「リクナビ」（大学生のための就職サイト）、「フォレント」（賃貸物件サイト）など、多数ある。従来型の有料情報誌『フロム・エー』『ケイコとマナブ』『ゼクシィ』なども合わせ、活字メディアは基本的にすべてウェブと連携している。

リクルートのホームページを覗くと、知りたい商品やサービスについて、「カテゴリーから選ぶ」「カテゴリーと地域で検索」「商品・サービスの一覧を見る」とある。カテゴリーとしては、「仕事」「進学・スクール」「住まい」「結婚・出産・育児」「旅行」……など。地域としては、北海道から関東、関西、九州までの九地域、媒体としては「情報誌」「フリーペーパー」「ウェブサイト」「携帯サイト」「イベント」「相談カウンター」となっている。

それぞれの「商品・サービス」の項目ごとに、媒体と地域のアイコンがあり、たとえば、『R25』の場合だとアイコンは「フリーマガジン」「関東」、「R25式モバイル」は「携帯」「全国」が示される、といった具合だ。

ここでは、媒体の「クロスメディア」といった段階は通り越して、提供する情報内容に最もふさわしい器が「情報誌」「フリーペーパー」「ウェブサイト」「携帯」……のいずれなのか、になっている。情報誌やフリーペーパーの紙媒体は、あくまでも情報を提供する手立てのひとつにすぎない。

利用者はいろいろな手段で情報を取ることができ、情報の提供者もさまざまのチャネルを使って利用者に接触できる。広告の出し手が複数の各種媒体を使うことももちろん可能だ。媒体側のリクルートも、広告主が広告を出す場合に「あれかこれか」というよりは「あれもこれも」と幾つかのチャネルを同時に使うほうがより効果的だ、と売り込んでいる。

学研は〇七年二月、「クロスメディア新事業を本格開始する」と宣言、「Gakken 21ウェブサイトを一挙公開」と日経に全面広告を打った（07/2/14）。同社は「インターネットや携帯電話が急速に普及・浸透してきたのに対応して、コンテンツを活かす市場拡大の好機ととらえクロスメディア事業を立ち上げる」と強調する。

既存の出版、能力開発事業に加え、パソコンや携帯などのデジタルメディアを相手に、教育・教養・実用・趣味・暮らし・エンターテインメントなどのジャンルで幅広く、幼児から成人までの利用者向けにコンテンツを送り届けるという。

そのウェブサイト「クラッセ（kurasse）」は「料理・家計・健康・育児・教育のここちよい暮らし応援サイト」がうたい文句。主婦のための雑誌『おはよう奥さん』『おはよう赤ちゃん』に連動した「おは奥ネット」「おは赤ネット」、ローティーン向けファッション誌『ピチレモン』の「ピチレモンネット」、ゴルフ誌『パーゴルフ』の「パーゴルフ・オンライン」などのサイトから成り立つ。今後、雑誌との連動をいっそう強める方針だ。

新事業展開のために同社はこのほど、パソコン向け・携帯向けのコンテンツ配信会社アドマガ、アドモコの両社を設立した。

小学館の場合、「ライトノベルズ小学館」の少年向けエンターテインメント「ガガガ文庫」、少女向けファンタジー「ルルル文庫」のライトノベルが携帯で読めるようになった。コミックの一〇〇タイトル以上を「立ち読み」したり、コマ漫画の配信を毎日受けたりもできる。「モバイルフラワー」、略して「モバフラ」は月二回、すべて新作の書き下ろしが携帯で読める「ちょっとシゲキ的な作品が勢ぞろいのデジタル少女まんが雑誌」。「小学館コミックのすべてに、ここからアクセスできます」――利用者はウェブサイト「小学館コミックトップ」から、コミック誌『ビッグコミック』

『コロコロコミック』などに掲載中のコミックを試し読みしたり、最新号の中身を覗いたりできる。「ソク読み」のコーナーでは三〇〇作品・三〇〇〇冊近いコミック本の試し読みが可能だ。利用者はその中から気に入ったものを注文し、電子書籍として配信サービスしてもらう。

幻冬舎グループの漫画本出版社・幻冬舎コミックスはウェブでコミック「GENZO」「スピカ」を立ち上げ、毎月一回連載作品を配信している。〇五年六月には「GENZO英語版」のサービスも始めた。米国など海外の出版社と提携、ウェブ連載の人気作品を紙のコミック本として一斉発売する。対象となる作品は『グラビテーションEX』。日本語版に加え、英語など六カ国語版を海外で販売する。

講談社は苦心しながらもサービスを続けてきた電子雑誌「Web現代」を「MouRa（モウラ）」に改め、内容も一新した。名前の由来は、「森羅万象を網羅し、世のあらゆる才能、事象を提供する」。これまではどうしても男性向けサイトの印象が強かったが、改名をきっかけに利用者を女性にも広げるのがねらい。

日経BP社の場合、専門媒体各誌の記事とウェブのオリジナル記事で構成する社全体の総合ポータルサイトのほか、直販・市販約四〇誌がそれぞれ独自にインターネット上にホームページを立ち上げ、読者への情報提供強化や読者との交流拡大に努めている。「ウェブ時代のビジネスリーダーのために」と銘打った「日経ビジネス・オンライン」、情報処理技術者のための「ITpro」、電子技術者のための「Tech-on」などの専門サイトがある。

脱紙媒体化の動きも出てきた。

主婦の友社は〇六年六月、デジタルメディア時代下に創業九〇周年を迎えた。それを機に、ファッション雑誌の『ef』をウェブでしか読めない電子雑誌「デジタルef」に衣替えした。同誌は二〇年以上も前の創刊だが、「ウェブの電子雑誌で紙の雑誌に極力近い画面構成とクオリティ、そして有料でも納得してもらえる強力なコンテンツを提供する。今後はこれを核に多角的な事業展開を進める」(主婦の友社ライツ事業部)方針。

『ef』に『S Cawaii!』『mina』のファッション両誌を加えて電子雑誌「パソマガ」とし、「ネット上で楽しむ雑誌『パソマガ』は主婦の友社の電子雑誌サービスです」と宣伝を繰り広げる。「デジタルef」をクリックすると、「電子雑誌『デジタルef』は毎月一〇日、二五日にアップします。最新号は、二万円以内で実現する春スタイル、春の注目アイテムプレビュー、OLの定番服・白シャツを美しく着る方法など、情報満載」といった具合だ。

『Newsweek日本版』（阪急コミュニケーションズ）は〇七年、既存の雑誌と同時並行で「Digital版」のサービスを始めた。利用者は雑誌の印刷誌面とまったく同じ記事・レイアウトをそのまま自分のパソコン上にネット経由で取り出せる。紙のページをめくるのと同じ感覚でマウスを使い、次の画面を開くことができる。

東芝が季刊誌として発行してきた『ゑれきてる』は早くも〇二年に、同社ホームページ上のオンラインマガジンに衣替えしている。同誌は「人間や社会の視点から科学・技術の未来がどうなるか」をテーマに八一年に紙媒体で創刊され、人気を博していた。

雑誌のオンライン書店「Fujisan.co.jp」を手掛けている富士山マガジンサービスはこのほど、**「デジタル雑誌ストア」**サイトを開いた。

取り扱うデジタル誌は「Newsweek日本版」「ベースボール・マガジン」「Mainichi Weekly」、フリーペーパーの「R25」など、およそ三〇誌。

紙媒体の雑誌を表紙から裏表紙まで丸ごとデジタル化するので、利用者はパソコン上で、まったく同じ内容をふつうの雑誌をめくるように見ることが可能だ。米ジニオと提携、パソコンで利用できるデジタル化技術を開発したと強調している。

デジタル化により「関心のある会社名・人物名、経済用語などで検索でき、求めている情報が雑誌のどこに載っているか手っ取り早く見つけられる」「記事を読むときの目の動きに合わせて読む部分を拡大する機能がある」「記事ごとにメモや付箋をつけることができる」など、ウェブマガジンならではの機能が使える。

紙媒体のネット進出の動きに対応して、パソコンソフト大手であるマイクロソフトもこの分野でソフト提供に乗り出そうとしている。パソコン上でそのまま誌紙面を表示できる独自技術を出版社や新聞社に無償提供する構想を明らかにした。

単に紙の誌面をデジタル化するのは、まだほんのとば口にすぎない。

そうした中で、

・「出版社としてこれまで蓄積してきた人脈、情報、ノウハウを生かし、……世に問う新たな試み」という触れ込みの音楽・映画・ライフスタイルの「イーデイズ（e-days）」（阪急コミュニケーションズ）[1]

・「ジャーナリスト、コラムニスト、……だけでなく、ミュージシャン、ファッションディレクターにクリエイティブディレクター……などなど。最前線で活躍の皆さん（オウプナーズ）が執筆、参画……私たちの東京をそのまま伝える」という坂本龍一氏らの「オウプナーズ（OPENERS）」（七洋）[2]

・「知ることの価値と楽しさを求める人のために」を掲げる「KAZE（風）」（連想出版）(3)
・「Hotwired Japan」の後継ウェブマガジンを名乗る「WIRED VISION（ワイアードビジョン）(4)」

など、既存誌の誌面からの移行ではなく、**はなからウェブのために作られた記事やデザインの電子雑誌**が登場してきており、注目される。

もっとも、デジタルメディア時代への展開に伴う試行錯誤や混乱は当面避けられそうにない。講談社を抜き、売り上げナンバーワンの出版社にのし上がった小学館は〇七年六月、「パソコンで読む大人のための雑誌『SooK（スーク）』」として、大々的にウェブマガジンのサービスを始めた。「読みやすいデザイン、紙感覚でページをめくれる。こんな電子雑誌は見たことない」がキャッチフレーズ。「フォーマルの流儀」「農家に棲む」「渚でくらす」など七つのウェブサイトに、読者は月額数百円で自由にアクセスできた。

大手版元によるネット専用に編集・サービスされた本格ウェブジンとして注目されたが、一年余で打ち止めとなった。ウェブ上で有料サービスすることの難しさがあらためて認識された格好だ。「新しい形で再登場を期す」という。

初めから電子雑誌として開発され、多くの利用者から読まれ使われ、広告主からも支持が得られてはじめて、ほんとうのウェブジン時代が到来し、クロスメディア化も次の新しい段階に進むのだろう。

活字媒体の雑誌とネットによるウェブサービスを総合展開する動きは、米欧が先行している。

わけても米有力経済誌『フォーブス（Ｆｏｒｂｅｓ）』が「世界のビジネスリーダーのためのホームページ」と銘打つオンライン・ウェブサービス「フォーブス・ドット・コム」は一頭地《いっとう》を抜く。「最もインタラクティブ（双方向）な総合ビジネス出版社」として顕彰されたこともあるフォーブス社の看板ウェブである。ネット時代の「標準語」である英語を後ろ盾にしていることもあり、勢いは今後さらに加速しそうだ。

米国、欧州、アジアと三つの版があり、中身はビジネス・市場・企業・経営者・技術・科学・インターネット・利殖・暮し・安全・書評・寄稿・意見……など、多方面にわたる。本体に加え、グループとして「フォーブス・オート・ドット・コム（自動車）」「フォーブス・トラベラー・ドット・コム（旅行）」「インベストペディア・ドット・コム（投資）」「リアルクリア・ポリティックス（政治）」「リアルクリア・マーケッツ（市場）」「リアルクリア・ワールド（国際）」「リアルクリア・スポーツ」などのウェブサービスも手掛ける。

「フォーブス・ドット・コム」の「ビジネス面」を見ると、中身はさらに自動車・エネルギー・輸送・メディア・映画・薬品・保健・小売り・証券など、業種を中心に分野ごとに分類してある。それぞれの専門情報が普通の記事のほか、ビデオ、ブログ、eメールニューズレターなど、多彩な道具立てで提供される。

利用者は必要な情報を探すのに、分野や階層を何段階も立ち降りていけるから、情報の厚みや広がりを感じ取ることができる。

「CEO（最高経営責任者）ネットワーク」「財務アドバイザーネットワーク」「CIO（情報統括責任者）ネットワーク」など、ブログやSNSも取り入れた特定の役職者向け情報サービスもある。「賢明な投資」面はもともと『フォーブス』誌の単なる記事コラムだったのを、ウェブで独立面に仕立てた。編集長も務めるスティーブ・フォーブス会長・CEOが自ら、ウォールストリート内外のゲストにビデオインタビューをおこない、ここで紹介している。

『フォーブス』の雑誌誌面と大きく異なるのは、なんといってもビデオなどの音声動画像だ。動くことなく静かに収まっている記事の脇を、音声とともに動画像が刻々と移り変わっていく。記事情報もクリックひとつでより詳しい情報にアクセスでき、検索も可能だ。利便性は高い。

「フォーブス・ドット・コム」では、『フォーブス』誌をはじめ、提携先の記事の中から必要なものを選び出し、一日あたり四〇〇〇記事を更新する。九八％は独自のコンテンツで固め、残りは契約したロイター、マッケンジーなど二五〇ものコンテンツプロバイダーの記事を使う。

アクセス数は一日あたり四〇〇〇万と、一〇年前の八〇倍に達した。この間、スタッフは一〇〇人が三〇〇人に増えている。

〇七年に買収した「リアル・クリアア」サービスは「政治」「市場」「国際」「スポーツ」の分野で、テーマに応じ他のウェブからニュースやコラムを集めてきて、ウェブで提供する。「グーグル・ニュース」が一般向けなら、「リアル・クリアア」は同様のより専門的なサービスである。それだけに、その分野についてはより広く、深いという印象を与える。

東京で開かれた初の「アジア太平洋デジタル雑誌国際会議」で、「フォーブス・ドット・コム」を率いるジェームズ・スパンフェラー社長・CEOはこう強調した。(5)

「印刷したものをただウェブに載せるだけではダメだ。印刷媒体は物理的に有限で、ほかに制約も多い。それに比べてデジタル媒体は無限で、情報提供の仕方や形の自由度も高い。流通コストがかからないのも大きい。記事、動画、音声、それぞれ得手のものを組み合わせて利用者に情報提供できる。私たちはそれをインターテインメント（Intertainment）と呼んでいる」

「雑誌で培った『フォーブス』のブランドは大きな資産だ。メディアのおもな収入は、雑誌では販売だが、ウェブでは広告。ウェブの広告効果は、メディアブランドの後光があってはじめて発揮される」

「メディアには周期的な流行りすたりもあるが、ネットしか知らない若い世代の比重は今後さらに高まる。印刷メディアがなくなることはないだろうが、いずれウェブのメディア・プラットフォームが情報提供の基本になると思う」

この会議では独シュピーゲルのウェブ展開も注目を集めた。『デア・シュピーゲル』はドイツでもトップクラスのニュース週刊誌。そのウェブサービス「シュピーゲル・オンライン」は今日、独語圏で最も成功したニュースオンラインとの評判が高い。政治・ビジネス・科学・旅行・文化・マルチメディア・インターネットなどの幅広い分野で、ニュースや解説、インタビュー、ビデオものなどのコンテンツを提供している。一〇〇人近い自社スタッフを抱える。

注目されるのは、読者が自分で書いた記事や撮った映像を載せるユーザー作成型プラットフォーム「アイネスターゲス」をウェブに設定し、公開していることだ。コンテンツ提供者として二万五〇〇〇人が登録、その一割が常連となって記事や映像を寄せてくる。公開記事数は一五〇〇本だが、その半分はウェブに持ち込まれたものである。「ユーザー作成型コンテンツを活用しながら、ジャーナリズムとしての質をどのように維持向上させられるか、それが課題」（ウォルフガング・ブフナー「シュピーゲル・オンライン」総編集長）という。

これらの米欧勢に比べると、雑誌の編集コンテンツのウェブ展開で、わが国の出版界は大きく立ち遅れている。

雑誌社や新聞社はこれまで、活字メディアで培った財政基盤の上にデジタルメディアを育ててきた。が、デジタルのオンラインサービスはビジネスモデルとして未確立であり、利益幅もまだ薄い。

米コロンビア大学情報通信研究所所長のエリ・ノーム氏は、こう指摘する。

「デジタルメディアが自らの紙媒体を食う形で伸長し、事業比率を高めれば高めるほど、さしあたっては母体を弱める結果を招きかねない。新しいデジタルメディアには一種悪性の腫瘍のようなところがあるから、注意が肝心だ(6)」

活字メディア事業という遺産《レガシー》をできるだけ息長く持ちこたえさせながら、その間新しいデジタルメディア事業をどう早くビジネスモデルとして仕立てていくか――しばらくは経営する側にとって難しい舵取りが続く。

（1）http://e-days.cc
（2）http://openers.jp
（3）http://kaze.shinshomap.info
（4）http://wiredvision.jp
（5）日本雑誌協会・国際雑誌連合（ＦＩＰＰ）主催「アジア太平洋デジタル雑誌国際会議」基調講演（08/11/13-14）
（6）国際シンポジウム「ネット・ジャーナリズムの可能性」基調講演（05/6/7）

3　加速するクロスメディア（2）——通販・ブログのネット展開

ウェブサイトで雑誌誌面と連動した編集コンテンツを提供するだけでなく、**通信販売を展開したり、ブログを通じて読者との交流を強めたり、会員組織を整えたりするクロスメディア**の動きも目立ってきた。

「講談社と提携し、同社が発行する月刊誌『with』掲載の商品の検索および販売を開始しました。『with』は講談社の女性誌でも最大部数の人気雑誌であり、主力アパレルなどの……掲載商品を中心に販売しますが、……編集部とも連携し今後も対応ブランドの拡充に努めます」——『with』などの雑誌と連携してウェブを展開するのは、マガシーク（東京・西神田）。ウェブによるファッションハ売りナンバーワンの座を目指す、と気勢をあげる。もともとは伊藤忠商事繊維部門の社内ベンチャーだ。

「女性誌に掲載されたファッション製品を自分でも買うことができたら」という読者の希望に応えようと事業化、『with』のほか、『CanCam』（小学館）、『non-no』（集英社）など有力女性誌とも相次いで連携、「消費行動の起点として影響力がある雑誌とインターネットのウェブサイトを結びつける」（マガシーク・ホームページ）新機軸で、業容を広げる。

ネットや携帯からアクセスする会員は六四万人。〇六年秋に東証マザースへの上場も果たし、〇七年秋には男性向け新サイト「mfm（マガシーク・フォーメン）」を設けた。


もちろん出版各社もそれぞれ、通販サービスや会員組織化に乗り出している。

講談社の場合、ウェブで『with』『ViVi』など女性誌七誌をひとくくりにした「女性誌・ネット」を展開中。『with』では「マガシーク」とは別に独自の「withオンラインショップ」で通販客を取り込もうとしている。店舗でいえば、「マガシーク」がデパートの専門店を集めたフロアだとすれば、「withオンラインショップ」は単店で出店の専門店といったところだ。

『ViVi』のウェブ「NET ViVi」は雑誌誌面に連動して、最新号で紹介した商品のメーカーやショップの問い合わせリストを設け、それぞれのホームページ、電話番号、所在地などを載せている。通販対象の商品なら、利用者はウェブですぐにオンライン・ショッピングができる。

会員相手に、「恋愛、SEX、人間関係、美容、身体――あなたのいま悩んでいること、解決したいことを教えてね！」という「人生相談アンケート」、「男のコとのデートで、ウケが良かった服・悪かった服、この春の流行の中でデートに着て行きたいアイテム」を聞く「デート服アンケート」などの定番のほか、「あなたの声が本誌に反映されます」としてその時々のテーマで「緊急アンケート」をおこなう。ネットを通じて読者の声を広く集め、雑誌誌面にも反映させる作戦だ。三井住友VISAカードと提携、「ViViカード」の取り扱いも始めた。

集英社は女性誌全体の総合サイトとして「s-woman.net」を運営しているが、このほど新たに「s-woman FLAG SHOP（フラグショップ）」を開設、『MORE』『BAILA』など七誌の誌面と連動した通販商品の販売を始めた。

野球からサッカー、テニス、プロレスなどのスポーツ用品をウェブで幅広く手掛けるのは、ベースボール・マガジン社の「スポーツ総合サイト　スポーツ・クリック」。

野球の場合、「古田敦也引退記念　限定高級フィギュア（小立像）」「黒木知弘直筆サインフォト」「東京六大学野球カレンダー」「早稲田大学応援メガホン」「早稲田大学スポーツタオル」「慶応大学三色旗」「若き血Tシャツ」など、ネット販売する商品は多彩。

「バレンタイン直前期間限定　サッカー好きの彼に贈るシルバー・アクセサリー」「カカー直筆サイン・ユニフォーム　限定三二枚」「桜庭和志プロデュース　リバーシブルスカジャン」などもある。

ベースボール・マガジン社の場合、野球、サッカーなど各誌編集長がブログ「スポーツナビ＋」を執筆、読者との交流をはかっている。同ブログは「スポーツにかかわること・スポーツを盛り上げること・ルールをやぶらないこと」の三原則を掲げるが、それ以外は「好きなスポーツの観戦記を書くもよし、部活の練習内容を記録するもよし、はたまたスポーツへの新たなビジョンや見解を表明するもよし。どなたも参加できる『スポーツファンの、スポーツファンによる、スポーツファンのためのブログ』――それが『スポーツナビ＋』です」と呼びかける。

この分野ではこれまで、ディノス（東京・中野　フジサンケイグループ）やフェリシモ（東証一部上場）などのカタログ通販会社が先行、インターネットを使った「デジタルカタログ」による直接販売で事業を拡大、それぞれ年間五〇〇億～六〇〇億円にまで売り上げを伸ばしている。

このような専業の通販大手を向こうに回して、出版社は雑誌＋ネットのクロスメディアを武器に、どの程度切り結ぶことができるか。勝負は始まったばかりだ。

第四章　雑誌に押し寄せる二大潮流（1）

「デジタル情報津波」が襲ってくる

「大量のデジタル情報が『津波』のように押し寄せる」「二極化や貧困化を伴う『ゲゼル化』が進む」――私たちの社会にはいま、二つの大きな潮の流れが白い波がしらを立てながら怒濤《どとう》となって押し寄せ、ぶつかり、激しいしぶきを吹き上げている。

まず、インターネットやウェブジン、ブログ、携帯電話、ＤＶＤなど、**ＩＴ技術の進展につれて、かつてない情報の「津波（ＴＳＵＮＡＭＩ）」現象がいま、起きている**ことだ。

人類が地球上に姿を現して以来創出してきた史上の全情報量をも上回るエクサバイト（ＥＢ＝10の18乗バイト）級の膨大な量の情報が毎年、なにげないように生み出され、津波や洪水のように私たちを洗い始めている。

もう一つは、世の中の「ゲゼル化」がここにきて急速に進んだことだ。ゲゼルとはドイツ語の「ゲゼルシャフト（利益体）」。「ゲマインシャフト（共同体）」の反対語である。

わが国ではこれまで、戦前はもちろん、戦後の復興や高度成長の過程でも、多かれ少なかれ共同体の社会であった。が、バブル経済の頃から世の中に変化の兆しが明らかとなり、**グローバル化の進展とともに共同体から利益体に向かうゲゼル化の動き**が一気に進み、あちこちで「ゲゼル化現象」

が見受けられるようになった。

食品の偽装出荷販売が暴かれるようになった、本来なら身や心のよりどころになるべき家庭内で親殺し・子殺しが増えた、グローバル化の進行につれて中間階級層が縮小し、社会の貧困化、二極化が際立ってきた——など、世の中、職場、家庭で最近見かけるようになった光景は、こうしたゲゼル化現象の一端である。

「時世・時節は変わろーとままよ、……」（「人生劇場」）と、村田英雄は歌った。雑誌は本来、この時世時節や流行を映す生身のメディアである。それだけに雑誌や雑誌読者が身を置く「時世・時節」はいまどんな状況にあるのか——今後の雑誌づくりを考えるうえで、あらためてこの二つの現象についてよく見ておきたい。

1　大量情報がもたらす「情報津波症候群」広がる

デジタルメディア時代になってこの方、活字メディアに慣れ親しんできた雑誌や新聞の読者の間には、なんとはない落ち着きの無さや一種の戸惑いが広がっている。

「デジタル情報津波症候群」とも呼ぶべき症状である。

一つには、携帯電話、eメール、ブログ、インターネット、衛星放送や地上波のデジタルテレビ、CDやDVD等々、私たちのもとに押し寄せるエクサバイト級の「情報津波」にめまいを起こしているような症状である。

朝夕ラッシュ時の駅頭やホームの人の群れ、渋谷や新宿、六本木の路上の肩をぶつけ合い足を踏み合うような混雑に、「人に酔う」ことがある。その伝でいけば、まさに「デジタル情報酔い」である。津波のように押し寄せる情報に全身を浸され、波打ち際でいつの間にか足の裏の砂が洗い流され、身体ごと怒濤の中に持っていかれそうな心もとない感じ、漠然とした不安感でもある。

ネットを通じて持ち込まれる大量迅速のデジタル情報が、従来の感覚やこれまでのやり方では処理しにくいだけに、いささか持てあまし気味といった風情だ。

二つには、取るに足らないささいな内容の情報からごく大切な情報までが一緒くたになってネットなどでもたらされることへの戸惑いである。

自分の中では情報群がそれぞれ落ち着きどころを見つけてなんとか収まっているところに、売れ筋からほど遠いロングテール型商品の一品目のようなトリビアル（些末《さまつ》）であったりジャンク（屑）であったりするデジタル情報がネットでいきなり持ち込まれてくる。受け入れる必要があるのか、どこにしまい込めば片付くのか、自身の情報体系にさざ波のような波紋が生じる。

しかもそれらの些末な情報群がすべて明らかな事実ならまだしも、真偽の定かでない、中には意図的に作り出されたデマや悪意のこもった虚報も混ざっているだけに、なおのことだ。

三つには、本名もろくろくわからない無数の相手とブログやeメールにより双方向で情報をやり取りし、ネット検索により大量の情報の中から知りたいものをすぐさま手にできるなんとなく晴れがましい感じと、その一方、それを衒《てら》うような相矛盾した気持ちである。

歌田明弘氏は『本の未来はどうなるか』（中公新書）の中でこう言っている。

「われわれがたいして気にもとめずに検索機能やwww（ワールド・ワイド・ウェブ）でやっていることーーたとえば、日本の研究所のコンピュータにあるデータから、アメリカの大学のコンピュータのデータへと飛んでテキストを読んでいくーーは、ちがう時空間にあるものを関連づけて読んでいくことにほかならない。グーテンベルク技術にもとづく書物文明にどっぷりつかっているわれわれは、テキストとは、因果関係をもって並んでいるもの、つまり時間が流れているものだと思っているが、『リンク』はまったくちがったテキストがありうること……を告げている。これは、おそらくわれわれが想像する以上に大きな出来事だ。本という形にまとめられたテキストこそが価値があると信じてきた時代から、粗野でしばしば御しがたいばらばらなテキストで構成される世界への移行。世界は、そうした断片的な情報に踊らされかき回されるものに変化しはじめている」

ネット時代に入って、「知識の遠近感がわからなくなってきている」と表現するのは東京大学教授の吉見俊哉氏。

「検索サイトの『グーグル』や百科事典『ウィキペディア』は、キーワードを入力するだけで、知識が手に入る。確かに便利で、ある程度は役に立つ。しかし、ひとつの知識とほかの知識がどういう構造的なつながりがあるのか。何が幹で何が枝なのか。そうした知の全体構造は、見えない」と説く。(1)

朝日新聞東京本社編集局長（当時）の外岡秀俊氏はシンポジウム「徹底討論　ジャーナリズムの復興をめざして」で、「緊急性の喪失」という言葉を援用し、こう発言している。

「緊急性、つまりかつてはたとえば大きな変事、誰かが病気になったとか亡くなったという場合には電報を送った。電報がきただけで、これはなにか大変なことだな、と。あるいは夜中に電話がかかってくる。これはなにか変事があったに違いないと。……ところが、eメールが何を変えたかというと、ジャンクメールも非常に重要な問題も、すべて同列になってしまう。つまり緊急性がなくなってしまう。あらゆることが即時に着くことの意味合いというのが、重要性というか、自分にとっての大事さ、相手の発信者にとっての大事さがそこで消えてしまう」(2)

「グーグル」の場合、検索結果は、キーワードに関してアクセスが多いと想定されるものから、コンピューターが自動的に判定して上位からの順序を決める。

そこに多数の利用者による一種の集合知が作用しているのだろうが、「トップに位置するからといって情報が正しいか重要であるかはまったく無関係であり、極端に言えば検索結果の最上位の情報が真っ赤なウソということもありうる」――当のグーグル日本法人社長の村上憲郎氏がこう証言する。(3)

外岡氏はそのシンポジウムにきびすを接して上梓《じょうし》した『情報のさばき方』でも、大事な問題を指摘している。

雑誌や新聞の誌紙面上の活字にしろ、パソコンや携帯の画面上の電子文字にしろ両者に大きな開きはないとの見方があるが、それは「……違う、活字と電子文字はあくまでも別ものだ」と力説する。

「活版印刷は、同一の内容を大量に複製することで時間と空間の壁を乗り越え、出版や新聞によって人々は同じ情報に接しました。活版印刷は、その記録性、可搬性、流通性によって、『知の大衆化』を実現したといえるでしょう。……活字はモノに帰属することで、初めて流通し、後世に引き継がれ、国境を越えたのです。これに対し電子文字は、モノの属性を失い、モノから離れた純粋な『情報』となることで社会に衝撃を与えました。……一切の物理的な制約を突破したことが、活字と違う『デジタル革命』の特異性なのです」と唱える。(4)

電子文字が活字と違う「デジタル革命」の特徴として、同氏は次の四つをあげる。

① 受け取る住所や私書函のようなお膳立てや機器を必要とする活字の郵便やファクスなどとは異なり、時間と空間の制約が消失し、「いつでも、どこでも」届けられる。
② ネット上の情報の蓄積と検索エンジンの発達が相まって、「検索力」が増大した。
③ 「転写性」により実物は劣化することなく、実物と複製の違いもなく、加工も簡単で「複製」の経費もほとんどかからず、情報の流通量が飛躍的に高まった。
④ 個人が発信できる情報の量と範囲はごく身近に限られ、頒布するにはコストがかかっていたが、遠方の「数万単位の人に同じ情報」を送るのはむずかしいことでなくなった——。

雑誌・新聞の活字メディアと、ネット・ウェブジンなどのデジタルメディアの本質的な相違をきちんと認識した上で、それだからこそ互いにどう補い合えるのか、を考えていく必要がある。

新しいデジタル時代に雑誌などの活字メディアはどう振る舞えばいいのか。そのためにまず、デジタルメディアの特性について見てみよう。

（1）「ネット時代　進む知の再編」読売新聞〇八年一月九日
（2）朝日新聞社主催（06/7/31　= http://www.asahi.com/sympo/060911/13.html）
（3）日本新聞協会主催シンポジウム「いま、新聞に期待すること」（07/4/6）
（4）『情報のさばき方』（外岡秀俊　朝日新書）

2　TSUNAMI（津波）化するデジタル情報

進展する情報技術（IT）を後ろ盾に、膨大な量の情報が山のような大きなうねりになってすべてを押し流さんばかりに襲ってくる――「情報津波（Information TSUNAMI）」である。大量の情報が爆弾の破裂したように弾け飛ぶ「情報爆発（Information Explosion）」とも呼ばれる。(1)

総務省の情報通信政策局が〇七年にまとめた「情報流通センサス（平成一七年度＝二〇〇五年度）」によると、消費者が自由に利用できる形で提供された総情報量は〇五年、一〇年前に比べ四一〇倍に達した。オリジナル情報として発信された量は同じく二七倍、繰り返しや複製を含む情報として発信されたのは同じく二一倍に増加した。

同センサスは「これはまさに『情報津波』と呼ぶべき急激な増加だ」と強調する。

わが国のインターネット利用者数は〇七年末に、九〇〇〇万人に近づいた。一億人の大台乗せ目前である。ネットの利用も携帯電話等の移動端末からのアクセスがパソコンからのアクセスに肩を並べるなど、ごく身近で日常的なものになっている。日本だけではない。ネット利用は地球規模で

「猫も杓子《しゃくし》も」といった状況だ。

「インターネットはそれまでのどんな（情報）技術よりも浸透速度が早い。世界で五〇〇〇万の人々が利用するまでに、ラジオは三八年、テレビは一三年、パソコンは……一六年かかった。だがインターネットは、一般の人々が手にしてから僅か四年しかかからなかった」——米商務省は八八年、報告書「躍進するデジタル経済」でこう指摘した。[2]

確かに、インターネットの利用により私たちが扱うことのできる情報量は爆発的に増えつつある。米カリフォルニア大学バークレイ校がまとめたレポート「How Much Information? 2003」によれば、全世界で〇二年の僅か一年間に、印刷物・フィルム・磁気・光学などのオフライン媒体上に五ＥＢ《エクサバイト》の情報が生み出され、電話・テレビ・インターネットなど電子回路のオンライン媒体上に一八ＥＢの情報が作り出された。[3]

エクサは一〇の一八乗という単位。一の下に〇が一八個並ぶ。一ギガの一〇億倍に当たる。

どれだけの量か。

同レポートによれば、

「一Ｂ《バイト》で一文字

二ＫＢ（キロ＝一〇の三乗＝バイト）でタイプ打ちのＡ４サイズ一頁

一〇ＫＢで百科事典一頁

一MB（メガ＝一〇の六乗＝バイト）でフロッピーディスク一枚分
五MBで文豪シェークスピアの全作品
五〇〇MBでCD-ROM一枚分
二GB（ギガ＝一〇の九乗＝バイト）でDVDの映画一本分
二〇GBで楽聖ベートーヴェンの作曲集
一〇TB（テラ＝一〇の一二乗＝バイト）クラスで米国連邦議会図書館が所有する蔵書にそれぞれ相当する」

としている。

テラバイト（TB）は一兆バイトである。ここで引き合いに出された米連邦議会図書館はわが国国会図書館のモデルでもあり、世界最大の蔵書・資料保有量を誇る。

その図書館としての威容は、米国で大当たりしわが国でも封切られたニコラス・ケイジ主演の映画「ナショナル・トレジャー　リンカーン暗殺者の日記」の一シーンから、僅かながらもうかがい知ることができる。

このテラバイトの上がペタ＝一〇の一五乗＝バイト（PB）、さらにその上がエクサ＝一〇の一八乗＝バイト（EB）である。

10乗数

ヨッタバイト YB	ゼッタバイト ZB	エクサバイト EB	ペタバイト PB	テラバイト TB	ギガバイト GB	メガバイト MB	キロバイト KB	バイト B
10×24 乗	10×21 乗	10×18 乗	10×15 乗	10×12 乗	10×9 乗	10×6 乗	10×3 乗	

1YB = 1000ZB　1ZB = 1000EB　1EB = 1000PB　1PB = 1000TB　1TB = 1000GB　1GB = 1000MB　1MB = 1000KB　1KB = 1000B

1,000,000,000,000,000,000,000,000

同レポートは「米連邦議会図書館の蔵書一七〇〇万冊は情報量としては一三六ＴＢに相当する。だから〇二年の一年間に新しく生み出された五ＥＢの印刷物・磁気などオフライン媒体の情報量は、同クラスの巨大図書館三万七〇〇〇館分に匹敵する」としている。

それらのオフライン情報量の九二％はハードディスクなどの磁気媒体に作られた。最近のデジタル技術の進歩があってはじめてその莫大な量の情報を生み、蓄え、伝えることを可能にした。七％はフィルムの上に作られた。僅か〇・〇三％の一六三四ＴＢが紙の印刷物である。[4]

その紙の印刷物について内訳を見ると、

本	三九　ＴＢ
雑誌・ニューズレター・定期刊行物	五九　ＴＢ
新聞	一三八　ＴＢ
事務書類	一、三九八　ＴＢ
［印刷物　合計	一、六三四　ＴＢ］

印刷物としては事務書類が圧倒的に多い。雑誌の印刷物全体に占める比重はおよそ三％と、ほん

のごく一部にすぎない。本は二％、新聞でも八％にとどまる。

津波化する情報全体の中で、雑誌・新聞・本の占める割合などほんの微々たるものなのだ。

さらにインターネット・テレビ・電話などによる電子情報の一八ＥＢは、印刷物や磁気媒体などオフライン媒体の五ＥＢに比べ三・六倍も多い。

このうち最大のものは、携帯を含む電話だ。これだけで一七・三ＥＢとオンライン型の九八％を占める。インターネット全体ではまだ〇・五ＥＢ。そのうち八割強の〇・四四ＥＢがｅメールである。[5]

世界的に見ても、情報量が飛躍的に増えたのはごく最近のことである。九九年から〇二年の間に、生み出された情報量はそれぞれ前年に比べ倍に増えている。毎年倍々ゲームで増加を演じているのだ。

人類が地球に登場して以来これまでに生み出した全情報量でも、五ＥＢ程度と推測されていた。このレポートによる限り、**最近の一年間に生み出される印刷物・磁気媒体などのオフライン媒体の情報量だけで、人類が史上これまでに作り出し、蓄えてきた全情報量に匹敵する**。ネットや携帯電話などの情報量を加えると、はるかにそれを上回る計算だ。

ブロードバンド網の拡充や携帯電話の広域化、無線ＩＣタグ・電子マネーの普及などにより、情報量の増大は今後さらに加速、単位としてはＥＢの上のゼッタ＝一〇の二一乗＝バイト（ＺＢ）やさらにその上のヨッタ＝一〇の二四乗＝バイト（YB）といった乗数単位も視野に入りつつある。一ゼッタバイトは一兆GB、つまり「地球上の全砂浜の砂粒の数に相当する」（調査会社EMCジャパン）量である。まさに「情報津波」や「情報爆発」と呼ぶにふさわしい現象だ。

現に、米調査会社のIDCは〇八年三月、レポート「多様化し爆発するデジタル宇宙」の中で、「全世界で生成、あるいは複製されたデジタル情報の総量は〇七年、二八一EBに達した。一一年には一・八ZB（一八〇〇EB）に増える見通し。〇六年からの五年間で一〇倍に増加する」と発表した。デジタル総量が急増したのは、デジタルカメラ、デジタルテレビ、デジタル監視カメラなどの利用が増えたため。年間一・八ZBの情報量は人類が過去に創出した全情報量の三百数十倍に当たる。デジタル情報の総量は〇七年にすでに蓄積可能量を上回っており、一一年にはデジタル情報のおよそ半分は保存し切れない計算になる、と指摘している。[6]

「情報津波時代に向けた新しいIT基盤技術の研究」を主導する東大生産技術研究所の喜連川優教授は「情報津波により大量で多様な情報を利用して新たな価値を創造できるようになった半面、必要な情報をうまく見つけることができないという問題が生じている。これをどう解決していくかが大切だ」と強調する。[7]

米経済学者ケネス・ボールディング（一九一〇—九三）はかつて、『二十世紀の意味——偉大なる転換』でこう書いた。

「人類の諸活動に関する多くの統計資料によって見ると、人類史を二等分する時期は、まったく新しいものである。たとえば、化学上の出版物の巻数や号数からいえば、現在（一九六四年）から見て、この時期は一九五〇年前後にあたっている。金属その他の抽出物質の量に関する統計的資料からいえば、この時期は一九一〇年前後である。つまり、人類が一九一〇年までに鉱山から取り出したのとほぼ同量の物を、一九一〇年以後に取り出したことになる」(8)

ボールディングが着目したのはおもに金属などの「モノ」についてであった。それからざっと半世紀を経て、私たちがいま注目しているのは「情報」についてである。

人類が有史以来これまでに生み出してきた全量以上の情報を私たちはいま、毎年作り出している。ボールディングの本になぞらえれば、まさに「二十一世紀的な意味」を持つ「偉大なる転換」である。

ここで、先のレポート「How Much Information? 2003」によりながら、紙の印刷媒体とインターネットや携帯電話などのデジタル媒体の情報量を比べてみよう。

全印刷物（一六二四TB）から事務関係の書類を除いた雑誌・新聞・本の情報量（二三六TB）は、メールを含むインターネットの情報量（五三二、八九七TB＝〇・五EB）に比べ、僅かその〇・〇四％でしかない。

湯船とスプーンの情報量

電話・テレビ・インターネット・磁気媒体・CD/DVDなどの全情報量を湯船いっぱいの水とすれば、雑誌・新聞など全印刷物の情報量はほんの小さなスプーン1杯にすぎない。

ふつうの家庭にある湯船をいっぱいに満たした水をインターネットの情報量とすれば、雑誌・新聞・本などの印刷物の情報量はコップ一杯にもならない。

さらにこれらに携帯電話や磁気媒体なども合わせた全情報量を浴槽いっぱいの水の量に例えると、雑誌や新聞など全印刷物の情報量はほんの小さなスプーン一杯にも満たない。

しかもこれは同レポートが調査対象にした〇二年時点についてであり、開きはその後さらに加速度的に広がっている。

雑誌・新聞・本の印刷物が提供する情報は「情報津波」の中のほんのひとたらしでしかない——このことは活字メディアがいま置かれている状況やこれから果たすべき役割について考えるとき、いつも頭のどこかに置いておく必要がある。そのうえで「デジタル情報津波」時代の雑誌や新聞のあり方を工夫していくべきだろう。

（1）ＩＴ技術の発展に支えられた最近の大量の情報やデータの創出や生産については米国を中心に「情報津波」「情報爆発」「情報洪水」などの呼び方がある。わが国文部科学省はこうした爆発的に増える大量で多様な情報に対処するための技術を開発する目的で「情報津波」プロジェクト（http://www.infoplosion.nii.ac.jp/info-plosion/index.php）を立ち上げ、経済産業省は次世代の検索・解析技術の開発やその事業化の研究を目的とする「情報大航海」プロジェクト（http://www.meti.go.jp/policy/it_policy/daikoukai/index.html）を推進している。

（2）“The Emerging Digital Economy” U.S. Department of Commerce, 1988

（3）http://www2.sims.berkeley.edu/research/projects/how-much-info-2003/ 現在の情報量についての推定や今後の予測には、ほかにもいろいろな考え方がある。例えば米ＭＩＴが〇五年にまとめた推計によると、地球上でそれまでに作成されたデジタルデータは〇四年に一八ＥＢに達しており、これが一〇年には五〇ＥＢに膨れ上がるとしている。

（4）光学式媒体（ＤＶＤ、ＣＤなど）　一〇三 ＴＢ
印刷物　一、六三四 ＴＢ
フィルム媒体（写真、Ｘ線写真など）　四二〇、二五四 ＴＢ
磁気媒体（ハードディスク、ビデオなど）　五、一八七、一三〇 ＴＢ
[オフライン媒体 合計　五、六〇九、一二一 ＴＢ≒五・六 ＥＢ]

（5）ラジオ　三、四八八ＴＢ
テレビ　六八、九九五ＴＢ
電話　一七、三〇〇、〇〇〇ＴＢ
インターネット　五三二、八九七ＴＢ
[電子情報 合計　一七、九〇五、三八〇ＴＢ≒一八ＥＢ]

（6）http://www.emc.com/digital_universe

（7）「CEATEC JAPAN 2008」基調講演（08/10/1）

（8）『二十世紀の意味――偉大なる転換』（Ｋ・ボールディング、清水幾太郎訳　岩波新書）

3 「グーグル（Google）」——世界の全情報をすべて「索引」化

デジタル情報サービスの最近の動きを幾つか見てみよう。

「全世界で七億七二〇〇万人がインターネットなどのオンライン情報を活用しており、そのおよそ七〇％にあたる五億人以上が『グーグル（Google）』のサイトを利用している」。英調査会社コムスコアは〇七年夏、こんな調査結果を明らかにした。米国内では〇八年四月、グーグルがインターネット利用者数でヤフー（Yahoo）を抜き、初めてトップの座に着いた。

「グーグルがラリー・ページ、セルゲイ・ブリンという二人の米国の若者によって創業されたのが一九九八年。以来、世界上に存在するあらゆる情報を集めて整理し、世界中の人がアクセスして利用できるようにするという目標を掲げ、これまでやってきた」——グーグル日本法人社長の村上憲郎氏は東京・大手町で開かれたセミナーの基調講演(1)などでこう強調する。

同氏によると、グーグルがこれまで成功してきたのには三つの理由がある。

まず、サービスを無料で提供してきたことだ。

情報そのものは決してグーグルが所有したり占有したりするのではなく、地球上のあらゆるウェブサイトを対象にして、索引のように情報のありかを指し示す。対象となるのは全世界八〇億以上ものサイトであり、対応する言語は一一五にものぼる。

「全世界にある情報は五〇〇万ＴＢ《テラバイト》、つまり五ＥＢ《エクサバイト》とされるが、そのすべてをグーグルに取り込みインデックス化したい」（村上氏）意向だ。

二つ目は「ページランク（PageRank）」と呼ばれるサイト検索の技術力である。

「ページランク」ではページＡにほかのページＢから張られたリンクをページＢによる支持票とみなし、そのリンク数を支持票数として計算しサイトの重要性を判断する。よりたくさんリンクが張られたサイトほど重要度の高いサイトとみなし、その順序にもとづいて検索結果を表示する。それにより利用者にしてみれば、当たり外れが少なく、重要度が高く中身のあるサイトにアクセスしやすくなる、というのが村上氏の言い分だ。

「ページランク」はグーグルの登録商標である。「page（頁）」と同時に創業者のひとりラリー・ページの「氏（＝ページ）」をかけて名付けられた、とされる。

三つ目は広告モデル。

検索結果に応じてそれらの内容に該当したり関連したりする広告を載せる。漠然と載せた広告ではなく検索結果に連動した広告だから広告効果はおのずから高い、という触れ込みだ。

グーグルの売り上げの九九％はネット広告という。広告収入があるから利用料は無料だ。ネット広告の単価は利用者のクリック一回当たりわずか数セントにすぎないとされるが、全世界を市場に圧倒的に高いシェアを持つサービスだからこそ、ビジネスモデルが成り立つ。

Googleは一〇の一〇〇乗を表す「Googol」をもじってつけられたとも、届け出の際に綴りをあやまって名づけられたともいわれる。いずれにしろ、同社のホームページでは「Googleという社名には、ウェブ上で膨大な量の情報を組織化し、利用できるようにする使命がある」とうたう。

村上氏は次のように説く。

「『情報』と『利用者』の間に橋をかけ渡し、世界中のあらゆる情報を独自の検索エンジンにより体系化して提供し、世界のすべての人がアクセスし利用できるようにすることこそ、グーグルのミッション（任務・使命）である。インターネット全体を書籍に例えれば、本文にあたるコンテンツの中身そのものには一切さわらない。……Googleはあくまでも索引であり、Yahooはその目次である」

グーグルのミソは、何といってもテラバイト（TB）、エクサバイト（EB）といった膨大な情報を最新の情報技術（IT）により収集・検索・ランク付けし、アクセスした無数の利用者に瞬時に提供することである。

ITというツールを最大限活かして大量情報を即時処理することにより、ウェブでの情報収集・

検索・ランク付けに、情報とその利用者に橋を架けつつ情報利用の集合知を最大限活用する、というネット時代ならではの新機軸が受けたのである。

スプーン一杯の雑誌とは次元が異なる湯船いっぱいのグーグル情報の世界である。

（１）会津大学セミナー「ＩＴが挑む知の世界」（東京・大手町　日経ホール　06/10/30）

4 「ウィキペディア（Wikipedia）」——育ち盛りのグローバル・ウェブ事典

「この地球という惑星に住む誰もが、世界中の人知を集積したウェブ上のファイルに自由にアクセスし、利用できるようになったら……。それこそ、ウィキペディアがいま目指していることだ。これまで無料で、しかも広告を載せずにサービスを提供してきたが、この方針は今後も貫いていきたい」——日本外国特派員協会、通称外国人記者クラブ（東京・有楽町）の夕食会（07/3/8）に現れたウィキペディア（Wikipedia）創業者ジミー・ウェールズ氏は、思ったより小柄だった。

髪の毛はボサボサ、赤毛のひげ面で小太り。かつて劇団民芸で滝沢修の演じた「炎の人」のヴァン・ゴッホを一回り小さくしたような印象だ。三月という気候に見合ったラフな黒っぽいジャケット姿である。

もとはシカゴ・マーカンタイル取引所で先物やオプション取引のトレーダーを務めていたというウェールズ氏。にもかかわらず、表情は温和だ。

その口調はまじめで真摯《しんし》、手元の携帯パソコンにしばしば目をやりながら、熱っぽく語りかける。

「ウィキペディア」——「Wikipedia」自身の説明によればこうなる。

「名前はソフトウエアのWiki（ウィキ）と百科事典を意味するencyclopedia（エンサイクロペディア）から合成された。新規記事の執筆や既存の記事の編集について、インターネットを通じてだれでも参加でき、参加者の共同作業により記事は日々追加・更新される。記事のジャンルは幅広く、既存の百科事典にはないトピックも多い。……あるトピックに関し、詳細で網羅的な情報を知ることができるということから、『調べもの』の目的で使うインターネット利用者も増えている。……二〇〇一年に英語版が発足、〇八年一〇月現在、二六四言語で執筆がおこなわれている」

言ってみれば、インターネット上の「読者参加型・百科事典」である。

ウィキペディア日本語版への自宅パソコンからの利用者は〇七年、前年に比べ約一・五倍の二七四〇万人に達した。前年とほぼ同じ伸びである。

項目数は日々増え続けている。全言語で〇八年三月、一〇〇〇万項目を超えた。言語別にみると、日本語版は〇八年六月末で五〇万項目に達した。英語、ドイツ語、フランス語、ポーランド語に次いで五番目に多い。項目数としては『ブリタニカ大百科事典』日本語版の倍以上になった[1]。

それにもまして注目されるのは、執筆に携わる利用者の数だ。五回以上の編集や投稿にかかわった参加者の総数は〇五年初めに三万人を超え、編集や投稿の回数は延べ一八五万回にのぼるという。

自由に編集・執筆がおこなわれるため、政治や宗教などの意見対立が起きやすい項目では、敵味方入り乱れての「編集合戦」が起きたり、名誉棄損や著作権侵害といった騒ぎが持ち上がったりもする。だがインターネットによってはじめて、大勢の人がそれぞれの知識やものの見方をネット上に持ち寄ることでひとつの新しいサービスが誕生、根を下ろしてきたのは確かだ。

「オープンソース」という考え方がある。

パソコンやコンピューターのソフトウエアを公開し、開発者が自由にプログラムを改良し、機能を追加できるようにする。それにより世界中の無数の開発者がグローバルにバグを修正したり、機能を向上させたりできるようになった。

その代表選手が「リナックス（Linux）」である。

「リナックス」はフィンランドのリーナス・トーバルズ氏が一九九一年、大学在学中に開発したパソコン向けのＯＳだ。Linuxは同氏の名とUNIX（米AT＆Tベル研究所が開発したＯＳ）を組み合わせたものだ。

トーバルズ氏は「カーネル」と呼ばれるプログラムの中核部分を公開した。世界中のプログラマーたちが無償で開発に加わり、機能を改良し拡張した。

同氏がはじめて公開したとき、そのプログラムはせいぜい一万行程度だったとされる。

利用者は当時、もちろん開発した本人だけであった。それが九七年の「Linux 2.1」版ではプログラムは八〇万行に達し、利用者は三五〇万人に増えた。〇七年にはプログラムが五〇〇万行を超えたとみられている。

リナックスは、誰にもロイヤルティーを払うことなく誰もが自由にコピーし再配布できる。はじめのうちは大学や研究機関などで使われていたが、米ＩＢＭなどのコンピューターメーカーがこのソフトを一部に導入したことなどから、一般でも使用されるようになった。いまでは身の回りのドコモの携帯端末やＨＤＤレコーダー、スーパーコンピューターなどで使われている。

「オープンソース」の考え方は前からあった。だがリナックスのようにそれが地球規模でうまく機能し成果を収めるようになったのは、大量の情報を迅速に、双方向で処理できるインターネットのお膳立てがあればこそ、である。

「クラウドソーシング（Crowdsourcing）」が米国で脚光を浴びている。

クラウドは群衆（crowd）、ソーシング（sourcing）は調達することである。

これまで「アウトソーシング」という言葉があった。外部からの調達、外部委託といった意味である。メーカーが以前は自社で部品や製品を作っていたのを取りやめ、外部や海外の業者から調達することを指す。

クラウドソーシングの場合、自社の業務や問題の解決を特定の外部や海外企業にアウトソーシングするのではなく、ネットにつながっている不特定多数のグローバルな群衆《クラウド》を相手にする。

米誌『ワイヤド（WIRED）』編集者のジェフ・ハウ氏が動き出した幾つかの事例を取材し、「クラウドソーシング」という切り口でこの新しい仕事のやり方を記事「浮上するクラウドソーシング」

にまとめた。(2)

その中の一例はこんな具合である。

米ワシントンDCにある米国健康博物館で、くしゃみをするなど風邪に病んでいる患者の写真が必要になった。だが予算上の制約から、そのために新たに写真を撮るのはあきらめ、出来合いの写真を使うことにした。

フリーランスのプロカメラマン氏に頼み、四点ほど選んでもらった。料金は通常の半額にあたる一点当たり一五〇ドル、全部で六〇〇ドルにまけてもらうことにした。だがこの商談は結局不成立に終わった。

同博物館はたまたま、写真をレンタルしているフォトライブラリー会社、iストックフォトをインターネットで見つけて、ねらいに合った写真を選び出し、全五六点を五六ドルで借りることができたからである。一点当たり一ドルにすぎない。

そのiストックフォトのやり方はこうだ。

大工や学生、技師、踊り子などのアマチュアカメラマン二万二〇〇〇人と契約を結びそれぞれ写真を拠出させ、それをレンタルにまわす。

同社の損益分岐点は年間僅か一三〇ドル。一点当たり一ドルのレンタル料金でも十分引き合う。

「クラウドソーシング」の群衆はそれぞれ性格が異なるかもしれないが、次の五点は共通しているのでないか、とハウ氏は指摘する。

①群衆はあちこちに拡散している。各人の仕事内容はごく普通のものから専門的なものまでいろいろだが、遠く離れたところからネットにアクセスし仕事をしている。
②群衆が働くのは短い時間である。夕食後や週末などでもよい、一回あたりの仕事時間も短くてよい。
③群衆は世界的な科学者であったり、ビデオカメラを振り回すアマチュア演出家であったり、マイクロソフトのソフトのバグを見つけたり、と様々だけれども、少なくともその分野については専門的でよくわかっている。
④科学的な解決方法や新製品のデザインなどの提案を募っても、群衆によって作り出されたものが必ずしもよいとは限らない、つまらないものも多い。
⑤仮にそうだとしても、群衆はそこから使える素材を見つけたり、合わないところは直して使ったりするものだ――。

ハウ氏はさらにこう述べる。

「ウィキペディアが（ネットと大勢の人々を組み合わせることによって）たくさんの利用者を集め、十分競争力があるオンライン百科事典のモデルを作ってみせた。米国のネットオークション大手イーベイ（eBay）やコミュニティサイト大手マイスペース（MySpace）なども利用者を情報提供者として取り込み、ビジネスを築き上げた。ここでもやっていけないはずがない」

シリコンバレーを拠点にする米ベンチャーキャピタルＤＣＭの共同創業者デビッド・チャオ氏は東京・有楽町の国際フォーラムで開かれた講演会で、ｗｅｂ2.0後の三大注目分野として「ゲーム」「ビデオ」とともに「ウィキ（Wiki）」を挙げた。[3] ウィキとは、ネットワーク上のどこからでも、いつでも、誰でも、文書を書き換えて保存・利用できるオープンソース方式のソフトやシステムのことだ。もともと「『速い』を意味するハワイ語Wikiwikiからきている」（「ウィキペディア」）という。

グーグル、ウィキペディア、クラウドソーシング――目指すところやねらいはそれぞれ異なる。だがインターネットという最新のＩＴを使って、大量の情報・データを迅速に双方向に伝達、「集合知」としてそのプロセスや結果を利用するビジネスモデル、という点では共通している。

（1）ウィキペディア発表資料（08/3/28, 08/6/25）
（2）"The Rise of Crowdsourcing"『WIRED』〇六年六月号
http://www.wired.com/wired/archive/14.06/crowds.html　最近話題のネット上にあるソフトやサービスを利用する「クラウド・コンピューティング（Cloud Computing）」とは別ものである。
（3）「世界ＩＣＴ（情報・通信技術）サミット2008」基調講演（08/10/2）

5 「ミクシィ（mixi）」——ウェブ上に築き、育てるコミュニティ

わが国のSNS（ソーシャル・ネットワーキング・サービス）やブログ（日記風の簡易型ホームページ）の登録者数は〇六年三月現在、SNSが七一六万、ブログが八六八万と、半年間でそれぞれおよそ倍近くにまで増えた(1)。

SNSはまず、会員である自分のプロフィルを公開し、会員の友人リストを示すことから始まる。自分のページに自ら日記を書いたり他のページにある仲間の日記を読んだりすることで、会員間の交流を広げたり深めたりする。

わが国のSNS最大手「ミクシィ（mixi）」の年間売り上げは前期比九二％増の一〇〇・五億円と百億円の大台に乗せ、経常利益は七五％増の三七億円に達した（〇八年三月期）。若年層を中心に携帯による利用が増加、パソコン利用を上回るまでになった。

株式相場の低迷から株価は下がっているものの、東京証券取引所マザース上場企業の中でも屈指の時価総額を誇る。時価総額は〇八年八月現在、一〇二六億円。社長の笠原健治氏は六三・一％の筆頭株主だから、六〇〇億円を超す時価総額相当の株式を所有している計算になる。

笠原健治氏。

インターネット関連新興企業の間では、一九七六年前後に生まれた経営者の奮闘ぶりが「ナナロク世代」として注目をあびている。その代表選手だ。

一九七五年生まれ。九七年、東京大学経済学部経営学科三年のとき、経営戦略のゼミに入った。マイクロソフト対アップル、インテル対AMDなど、情報通信企業についてのケーススタディを数多くこなした。IT業界や企業経営そのものに関心を抱いたが、とりわけ米アマゾン会長ジェフ・ベゾス氏のインタビュー記事を読んで、強く心が動かされたという。

その年の八月半ば、アルバイト先の上司が求人で頭を悩ませているのを見て、ウェブに求人サイトを立ち上げることを決意。九月にはパソコンを買い、一〇月にはサイトを構築し、一一月初めには運用を始めた。

初めからウェブをねらったのは、「紙を刷るコストがかからない、大量の情報を瞬時に検索できるコンピューターの特性を活かせる、リアルタイムで掲載を中止したり変更したりできる、などの理由から」である。

一年半後の九九年六月には有限会社を設立、オークションサイト「eHammer」をオープン、一年後に売却、翌年プレスリリース配信サイト「@Press」を開き四年半後に譲渡、この間、二〇〇四年二月にSNSの「ミクシィ（mixi）」を開設した。〇六年七月にはユーザーの数が五〇〇万人を突破、九月には東証マザーズに上場、〇八年七月にはユーザー数が一五〇〇万人を超えた。

ミクシィには「あらたに会員になるには、会員からの招待が必要」「自分が認めた範囲のひとたちに日記を公開できる」といった決まりがある。誰もが書き込める匿名の電子掲示板とは違い、信頼度が高く安心感が持てるとされる。

その笠原氏が日本特派員協会の昼食会にやって来て、ミクシィの最近の活動について語った。「ミクシィのスローガンはあくまでも『身近な人との交流を深め、新しい情報・知識も得て、日々の生活をより楽しく豊かにする』こと。心がけているのは、『ネット上のバーチャル（仮想）な世界ではあるけれども、身近な人や同じ趣味・関心を持つ人の間で現実に近い形で交流できるようにし、居心地のよさを高めて、交流の度合いを深める』ことだ。それにより、ユーザーのミクシィ利用回数を増やし、会員の活性化を目指す」（07/2/7）。

これからの抱負については「動画や音楽、携帯などの強化も急ぎ、できるだけ多くの人がミクシィに加わり、身近な人と日々交流するのに永続的に使われる空間を目指す」と力を込める。

昼食会で話を終えた笠原氏のところに行き、「ミクシィへの招待者になっていただけませんか」とあつかましいお願いをする。

とあるSNSに参加はしているが、現会員からの招待が必要というやや敷居が高いミクシィにも加わってみようというわけだ。

笠原氏から了解をいただき、招待状のメールを受け取って、さっそく会員登録。だから筆者のミクシィ友人欄には笠原さんが登場している。

「好きな音楽＝ドヴォルザーク・チェロ協奏曲」といったミクシィに載せた筆者のプロフィルを見て、早速、会員からの「訪問」が相次いだ。中には、交際を求めるという触れ込みの、いささか怪しげな雰囲気の若い（とおぼしき）女性からの書き込みもあった。

eメールでのやり取りが、革靴をはき時にはジャケットも身に着けてという感じなら、SNSのミクシィを使ったメッセージ交換には、つっかけをひっかけ気楽に普段着のままでといった気安さがある。


興味深かったのは、笠原氏が〇七年四月、米シリコンバレーにあるグーグル本社を初めて訪問した時の感想が読めたことである。

「五日間くらいシリコンバレー周辺に行って来ました。……シリコンバレー一帯は、とても気持ちが良くて、人も和やかでありながら活気があって、本当に良い場所ですね。いつか進出してみたいと思わずにはいられない……」と、「初グーグル」に感激した様子が記されている。

それには動画が添えられていた。グーグル本社とみられる敷地内に設けられたビーチバレーコートで幾人かの従業員が屈託なくバレーボールをして楽しんでいる。コートの周りには濃いグリーンの樹木。こちらのコートから相手方へ、そしてまた打ち返されてこちらのコートに——行ったり来たりする白いバレーボールが、カリフォルニアの黄金の日差しを浴びてまぶしく輝いている。

「たまに、創業者の一人、セルゲイ・ブリン氏もしているらしいです。素晴らしい――。当日は残念ながらいなかったようですが」と笠原氏。

食堂のランチの写真を「有名なグーグルのご飯」として、載せている。

お盆のうえに、ハムに小エビのフライ、ベーコン、コールスロー、ライ麦パンとケーキ、グレープフルーツジュースがところ狭しと並んでいる。

これらをアップして画面いっぱいに収めたことから、笠原氏の思いが伝わってくる。メモに「グーグル、お昼中の人たち。三食無料で太ってしまう人も多いとか」。

同氏によれば、「ユーザーがミクシィのページを見る回数はパソコン・携帯を合わせると月間一〇〇億ｐｖ《ページビュー》に達する。サイトの月間滞在時間は約三時間、ユーザーが三日以内にサイトを利用するアクティブ率は約六七％に達する」。

ユーザーの総利用時間数はヤフー、楽天に次ぐまでになった。

笠原氏はミクシィが成長した要因を、

① バーチャルな世界にリアルな人間関係を再現するというＳＮＳの目新しさがあった。
② 使い続けてもらうことを意識してコミュニケーション機能を重視した。

③個人によるフラットで自由な情報の受発信が求められる雰囲気があった。
④たくさんの人が使えば使うほど価値が高まる「ネットワークの外部性」が働いた。

——などと分析する。

ミクシィなどのSNSやブログに共通するのは、情報を単に受け取るだけではなく、自らも情報を発信し、情報を交換、互いに交流できることだ。

さらに「世界ICTサミット2008」（08/10/2）のパネル発言の中で、笠原氏は「米国ではeメールによる情報や連絡の行き来は廃れつつあり、SNSを利用したメッセージのやり取りに次第に移りつつある」と指摘、「SNSの将来性は大きい」と力説していた。

こうした展望を踏まえてか、ミクシィは〇九年春、既存会員の招待状無しでも利用可能な登録制に切り替える。

（1）総務省情報通信政策局　報道資料（06/4/13）

6　ブログ――CGM（消費者生成メディア）の代表選手

ブログ（Blog）のサービスはわが国で〇二、〇三年頃から盛んになってきた。ブログでは、自分のホームページに自身の日記を書き込んだり、本やCD、映画についての感想を記したり、そのページを見たほかの利用者との間で情報や意見を交換したりする。雑誌・新聞などでは、ブログとは「日記風の簡易型ホームページ」と簡単な注釈を付けたりする。

もとはといえば、「ウェブログ（web-log）」の略である。ログ（log）には「丸太」といった意味もあるが、「記録」を表す言葉としても使われる。ログブック（logbook）といえば、航海日誌や航空日誌だ。ログはここでは、コンピューターの利用状況や処理した内容を時間的に記録したものを指す。

世界中に開設されたブログは〇五年ですでに億を超えたとされる。わが国には大規模な電子掲示板が存在していたこともあり、初めはどれほど普及するか危ぶむ見方もあったが、ブログを簡単に始められるツールが開発されたり、携帯電話でブログを利用・更新できるようになったりして、広まった。

総務省情報通信政策研究所の調査によると、インターネット上で公開されている国内のブログは〇八年一月現在、一六九〇万件。全記事数は一三億五〇〇〇万件と、単行本換算二七〇〇〇万冊分に匹敵する。

ブログのいちばん大きな特色は、「コメント」や「トラックバック」の機能を使ってほかの利用者やブログと連絡を取り合えることだ。日記や感想を読んだ利用者が「コメント」にその関連する内容や意見を書き込んだり、「トラックバック」でほかの人のブログから自分の記事にリンクを張ったり、自分のホームページから他のホームページにリンクさせたりできる。

郵便から始まって電信・電話など、これまでの通信では、あくまでも自分と特定の一人から数人を相手にする情報や感情・意思の交換にとどまっていた。だがインターネットによって、一対一や一対少数から、一対多数や多数対多数の情報・意思・感情の交換が同時におこなえるようになった。インターネットによってこそ創り出された人工空間である。

プロのミュージシャンであり、米サンノゼ・マーキュリー・ニュース紙のコラムニストでもあったダン・ギルモア氏は、その著『ブログ——世界を変える個人メディア』でこう書いている。

「(一九四五年のフランクリン・ルーズベルト米大統領の死去はラジオの臨時ニュースで聞き、一九六三年のケネディ死去はテレビで知ったが、)二〇〇一年九月一一日……私たちは恐ろしい光景を、何度も繰り返し目にした。テレビのネットワーク局が、恐怖のシーンを生々しい映像で伝えたおかげだ。そして『どのように』と『なぜ』のいくつかは、活字メディアによって、さらに洞察力あるキャスターたちが活字では表現しきれない事件の深層を掘り下げることで、明らかになった。……ただ今回は、これまでとは違う、より深い何かが起きていた。言いたいこと、伝えたいことのあるごく普通の人々が、ニュースを発信していたのだ。……最悪の日々の中で、これまでとは違ったタイプの記事が姿を見せた。電子メールやメーリングリスト、チャットグループ、個人のウェブ日誌。いずれも従来からすれば規格外のニュース発信源を通じて、米国の主要メディアが報じることができなかった、あるいは報じようとしなかった、事件の重要な背景を知ることができた。私たちは、ニュースの未来を目撃した。……」[1]

同氏はさらに、「インターネットは読者が手にした初めてのメディアで、読者に声を与えた初めてのメディアでもある。『グラスルーツ（草の根）ジャーナリズム』に道を開いた」と評価する。

ＳＮＳやブログのように、利用者や消費者がインターネットなどを媒体として活用し内容を作り出していくものをひとくくりに、ＣＧＭ《コンシューマー・ジェネレイテッド・メディア》（消費者生成メディア）と呼ぶ場合がある。広告活動やマーケティング上の観点から使われることが多い。ＣＧＭの代表選手であるブログの中には、情報や、解説、分析などでそれになりに評価を得てアクセスの多いものも見受けられる。数は限られるものの、その信頼度や専門性において雑誌記事に肩を並べかける内容のものもある。ブログの内容が一冊の本として体裁を整え、書店の書架を飾るものも出てきた。

だがＣＧＭにも問題がある。表向きは「草の根ジャーナリズム」となっているものの、実のところマスメディアがもたらしたニュースや情報を単純にうのみにしたり、曲解して注釈やコメントを付けたりする場合が多くみられる。

匿名に近い形でも情報を発信したり、誰でも日記形式で容易に載せることができたりすることから、身辺雑記的なものや愚にもつかない個人的な感想、単なる思いつきや感傷、恨みごとなど低次元の内容のもの、他人や他のブログ、作品、活動などをいたずらに見下して中傷し誹謗《ひぼう》したもの、なども多数見受けられる。

ウェブ検索にしても、せっかく魚を取ろうとして網を投げたのに、引き上げてみたら空き缶やペットボトル、壊れた自転車などのスパムのようなブログでいっぱい、といった不快な思いをすることもしばしばだ。

ヤフーはこのほど「Yahoo! 検索」で、検索の結果からブログ記事を除外する「ブログフィルター」を付け加えた。検索結果の上位をブログが占める場合も多くなり、本来の探したい情報が見つけにくい、という利用者の声に対応するためである。先におこなったヤフーの調査では、「検索をしてがっかりしたこと」の答えとして「個人のブログやホームページなどが検索結果の上位にくる」をあげた利用者が多かったという。

コモエスタ坂本氏は、ネットの普及で、

①ジャンク情報が激増し、
②個人がその毒におかされて何が重要か判断できなくなり、
③結局は自分がわかりそうな情報だけをよりどころにし、
④往々にして低レベルのそれらの情報をネットや携帯で交信し、同じレベルの仲間と総じて低レベルにとどまってしまう

――結果を招きかねない、と警告する。(2)

ブログ全体としては今後、掲出する内容やそのやり方がもっと工夫され、洗練され、さらに成熟していくことが求められる。と同時に、利用者として玉石混交のおびただしい数のブログの中から、あくまでも玉を選り分ける姿勢や工夫が欠かせない。

（1）『ブログ――世界を変える個人メディア』（D・ギルモア、平和博訳　朝日新聞社）
（2）『低度情報化社会』（コモエスタ坂本　光文社）

7　デジタルメディアの特性

(a) 「マタイ効果」――「有《も》てる人は與《あた》へられて愈々《いよいよ》豊ならん」

雑誌などの活字メディアに比べ、デジタルメディアによってもたらされる情報やサービスには幾つかの特性がある。

まず、インターネットやデータベースなどの利用の際に働く「マタイ効果」。

よく知られた『新約聖書』マタイ伝第一三章一二節・第二五章二九節にある「すべて有《も》てる人は與《あた》へられて愈々《いよいよ》豊ならん。然《さ》れど有たぬ者は、その有てる物をも取らるべし」――からきている。そこで引き合いに出されているたとえ話はこうだ。（第二五章一四～二八節）

或る人が遠くに旅立とうとして僕《しもべ》たちを呼び、それぞれの力量に応じて、ある者に五タラント（古代地中海地域の貨幣単位）、ある者に二タラント、ある者に一タラント預けた。

五タラントを渡された者はこれを元手に商いし五タラント儲け、二タラント渡された者も同様に二タラント儲けた。だが一タラント渡された者は地面を掘り、主人の金を隠しておいた。しばらくして主人が帰ってきた。五タラント渡された者が進み出て、言った。「私に五タラントをお預けになりましたが、ご覧のように、ほかに五タラント儲けました」。

主人はこう言ってねぎらった。「よくやった、善良で忠実な僕よ。僅かなものにも忠実であったから、もっと多くのものを面倒みてもらおう。ともに喜んでくれ」。

二タラント渡された者も進み出て言った。「私に二タラントお預けになりましたが、ほかに二タラント儲けました」。主人は同様にほめた。「もっと多くのものを取り扱ってもらおう」。

一タラント渡された者が進み出て言った。「ご主人様は播《ま》かないところから刈り、散らさないところから集める厳しい方だと知っております。そのことが恐ろしくて、一タラントは地の中に隠しておきました。ご覧ください。ここにあなた様のお金がございます」。

主人は答えた。「悪しく怠惰な僕よ。私のことがわかっているなら、金を銀行に預けておくべきであった。そうであれば、戻ったときに利子とともに私の金を受け取れたであろうものを。この者からタラントを取り上げ、一〇タラントを持っている者に与えよ」。

主人はさらに言葉を添えた。「この役立たずを、暗闇の中に追い出すがよい。そこで泣き叫び、歯噛みすることだろう」。

「マタイ効果」は、「バンドワゴン効果」「雪だるまの法則」「ウィナー・テークス・オール（Winner-takes-all）＝ひとり勝ち」などの現象とほぼ同じ意味合いだ。「多々ますます弁ず」である。「バンドワゴン効果」のバンドワゴンは行列や行進の先頭を行く楽隊車をいう。

欧米やわが国で先に、データベースの作成やそのサービスが盛んになり始めたころ、データベースの分野では「マタイ効果」が働くといわれた。

さまざまの範囲を網羅して規模が大きく、しかも利用しやすいデータベースにアクセスすれば、使う側はそれ一つですべてこと足りる。ほかのものには振り向かなくなる。利用されるデータベースはますます利用されるようになり、利用されるからそのデータベースにはさらに資金や手間が投じられ、いっそう大規模になり、中身も充実して磨きがかかる。それがさらにまた利用の拡大を呼ぶ――「マタイ効果」である。

インターネット時代になって、最近ではネットのさまざまのサービス分野で「マタイ効果」が働くようになった。

たとえば、利用者がインターネットにアクセスする場合、入り口になるウェブページのポータルサイト。利用者にとっては「ヤフー」にしろ「グー（goo）」にしろ、どれか一つあればそれで十分だ。たくさんの種類のサービスが利用でき、使いやすく、隅々まで配慮が行き届いていて、センスのよいポータルサイトにおのずから利用者が集まる、利用者が集まったポータルサイトはさらにサービス内容や画面レイアウトを充実させ、利用者をいっそう増やす結果となる。

いきおい、利用者を自分のサービスに引っ張り込もうとする競争は激しいが、いったん優位を手にすると、その優位をもとにいっそう多数の利用者を獲得し、利用者数が多いことで評価を高めてさらに優位に立つ――。

「マタイ効果」は最近では「ネットワークの外部性」とも呼ばれる。

「ネットワークの外部性」が強く働く商品やサービスの場合、かりに後から競争相手が優れた商品やサービスを出してきても、それまでの利用者が一斉に他の新しい製品・サービスに乗り換えてしまうことはすぐには起きにくいから、その対応を間違えない限り、いったん手に収めた支配的な立場は一種のスタンダード・デ・ファクト（事実上の基準）として揺るぎにくい。

インターネット利用、検索エンジン、eメール、携帯電話、SNS等、デジタル分野のサービスでは、「ネットワークの外部性」が働きやすい。検索のグーグル、ポータルサイトのヤフー、オークションの楽天、ウィキペディア、ミクシィ等、いずれも「ネットワークの外部性」、つまり「マタイ効果」が強く働いている。

紙媒体の段階とは異なるデジタル時代の特性である。

(b)「ハイテク」に「ハイタッチ」――欠かせない「ハイタッチ・バランス」

次は、デジタルメディア利用に伴う「ハイタッチ・バランス」。

日本郵政の年賀状配達は一部に遅れの出ることがしばしばで、正月も七草を過ぎるころ、よく話題になる。きまって「ポストへの投函が年の瀬の僅かな日々に集中し処理が間に合わなかった」という話になる。

その年賀状について、あるネットマーケティング会社が最近おこなった調査結果が明らかになった。「年賀状をパソコンのeメールや携帯メールで送るのは失礼と思うか」の問いに、「まったくそうは思わない」二五%、「あまりそう思わない」四五%と、およそ七割がメール年賀状を肯定的にとらえている。

その一方、ソフト会社ジャストシステムが実施した別の調査によると、「ハガキとメールのどちらで年賀状をもらうほうがうれしいか」の問いには、八割以上が「ハガキ」。

メール年賀状は認めるものの、「自分としては、正月はやはり郵便局から赤い自転車で配達される年賀ハガキのほうがうれしい」というのがホンネらしい(1)。

面白いのは、「ハガキでもらうほうがうれしい」の比率が最も高いのは二〇代であり、「メールがよい」はほとんどゼロ。これに対して「メールのほうがうれしい」の比率がいちばん高かったのは五〇代であった。若い世代にとってメールはごく日常茶飯の「褻《け》」だが、「晴れ」の正月にはふだんの通信手段とは異なるハガキこそふさわしい、と受け止めているのだろうか。

「レタ交」が若い人たちの間で広まっている。「レタ交」？　「レター交換の略で、文通のこと。友人同士のやりとりは携帯電話やパソコンのメールが主流になってきたが、一部ではこうした傾向への反発から手紙・葉書・ファクスによるコミュニケーションを復活……手書きによる温かみを見直している」（「ヤフー辞書」）。いったんインターネットやメールで仲間を募り、気に入った相手と手書きで文通を重ねるという。

私ごとだが、せんだって初のホールインワンを達成し、しきたりでゴルフ仲間に内祝いの記念品を配った。内祝いの記念品として図柄にゴルファーをあしらった図書カードを三越から配送してもらった。

折り返しにあちこちから「ホールインワン、おめでとう！」の言葉とあわせ「記念品有り難う」の返事を頂戴した。最も多かったのがメールで、およそ半分の五割。続いては手紙・ハガキ・ファクスで四割、残り一割が電話であった。

返事を受け取ったという印象の最も強かったのが電話である。多くが早いうちにかかってきたうえ、ついでに最近の身辺事情に話しが及んだりしたからでもある。次に印象に残ったのは、手紙やハガキ・ファクス。いちばん印象の薄いのが、最も多いメールであった。

メールの場合、受け取ったときにはたとえ「有り難いことだ」と思って中を覗いても、何日か経つと「はたしてあの人からは返事をいただいたかなあ」といぶかってみたりする。あとに残る印象の強かった電話・手紙と、弱かったメールとの間にある落差が意外だった。

大量迅速であるデジタル情報のコストの安さや手間の少なさ、いくらでも複製や転写が利き、同じメッセージを地球上の誰にでも届けられるといった特性が、結果的に情報としての「インフレ」度を強め、有り難みを薄めてしまうからだろうか。

東大名誉教授の月尾嘉男氏は、「正確で早いものを『情報』とすれば、早さや新しさとは無縁だが、より人びととの共感を得やすいのが『情緒』である。これら二つの要素はいずれおとらず大事だ」[2]と指摘する。メディアとしては情報・情緒ともに備えていることが望ましい、ということだろうか。

サントリー次世代研究所がおこなった「若者とメディアについての調査」でも、その調査の過程で「ブログもいいが、昔の交換日記がなつかしい」「手紙にはメールと違う温かさがある」などの意見が幾つかあった。

調査をまとめた同研究所研究員の宍戸奈津子氏は「デジタル情報が手っ取り早くやり取りできる

ようになったいま、文字情報のアナログ的なぬくもりが新たに見直されているのではないか」と論じる。[3]

「情報の記録・伝達手段としてデジタルメディアがここまで入り込んだ今でも、紙のメリットにはまだ目を見張るものがある」と強調するのは、ウェブジン「ITpro」の「紙は死んでいない」（高下義弘記者）。

「ウェブサイトと紙によるダイレクトメールをうまく組み合わせてダイレクトメール広告の反応率を引き上げることができた」「ファクシミリを使う広告配信代行サービスへのニーズが高まっている」――などの例をあげ、「封を明け、折りたたまれた紙を広げ、表に裏にとひっくり返しながら書かれた文字を読む。このようなリアルな体験を伴う紙にうまくメッセージを組み込めれば、顧客への印象を高めやすい。……紙という媒体もまだ見逃せない」といった取材先の談話を紹介しながら、「人間は五感（視覚、聴覚、嗅覚、味覚、触覚）を持つ。現代人、特にオフィスで働く知的労働者はとかく視覚と聴覚に偏りがちだが、残りの嗅覚、味覚、触覚をほどよく刺激することが、人間らしいホッとした生き方には必要だろう。その意味で、紙は触覚を意識させる。一～二年ほど前から高級なメモ帳や万年筆といった文房具がブームになっている。パソコンや携帯電話の普及の反動で、『書くという触覚』を求める人の思いが反映されたものだ」と解説している。[4]

米国のJ・ネイスビッツはかつて、ベストセラー『メガトレンド――一〇の社会潮流が近未来を決定づける』の中で、「一〇大潮流の第一は『工業社会から情報社会へ』、それに続く第二は『技術崇拝からハイ・テック（High Tech）ハイ・タッチ（High Touch）へ』である」と述べた。「新技術が社会に導入される時にはいつでも、平衡をとり戻そうとする人間的反応がある。それがすなわち『ハイ・タッチ』で、ハイ・タッチがなければ技術は拒絶される。ハイ・テックであればあるほどいっそうハイ・タッチが必要とされるのだ」と唱えた。

ハイタッチの例として同氏は、『ワードプロセッシングの高度な技術がオフィスに導入されるにつれ、手書きのノートや手紙が復活してきた」「工場ではハイ・テックのロボットと、ハイ・タッチのQCサークル（仕事に関する問題点やその解決策を話し合うグループ）からなる二重構造が広まりつつある。……ロボットがふえるほど、QCサークルもふえる」などをあげ、ハイテクに対して平衡をとろうとする動きを「ハイタッチ・バランス」と呼んだ(5)。

ネイスビッツがかつてのベストセラー『メガトレンド』を出したのは、二〇年以上前の一九八二年。インターネット・ブログ・メール等のデジタルメディアがわが世を誇る中で、年賀ハガキや「レタ交」といった文通、電話・手紙等のアナログメディアがけっこう健気に頑張っているようにみえるのも、ネイスビッツ流の「予言」がそれなりに当を得ていたからだろう。

「ハイテク」のデジタルメディアが浸透する中で、アナログ媒体である雑誌の「ハイタッチ」メディアとしての存在やその役割はもっと評価されてよい。

（1）ジャストシステム「年賀状に関する意識と年賀状作成における日本語マナーに関する意識調査」〇六年八月
（2）シンポジウム「言葉の力で未来を拓く」での発言（08/3/13）
（3）「次世代フォーラム・デジタル社会を豊かに生きる」（07/12/13）
（4）ウェブジン「ITpro」〇七年七月一一日（日経BP社）
（5）『メガトレンド――一〇の社会潮流が近未来を決定づける』（J・ネイスビッツ、竹村健一訳　三笠書房）

（c）「C&M」――「クリック&モルタル」から「クリック&マガジン」へ

次に、「クリック&モルタル（C&M）」。

「マイTSUTAYAメール　レンタル半額クーポンをプレゼント　TSUTAYA　××店からのお得な情報をお届け」――。

TSUTAYAグループ会社のツタヤオンラインからは、会員のパソコンや携帯にこんなメールが、ふだん利用している店の名で届く。

「クーポンをご利用いただくには『クーポン画面』をプリントアウトし、店頭にてご提示ください。……指定期間中、何度でも利用できます」とある。

発信元は自宅や職場近くにあるふだんなじみの店なので、会員が画面を気軽にプリントアウトし、ここしばらく足の遠ざかっていた店に顔をのぞかせクーポン割引料金でレンタルのCDやDVDを利用する、といった効果が期待できる。

同グループはCD・DVDのレンタルや販売で売り上げを順調に伸ばしており、業界ナンバーワンを誇る。会員カード「Tカード」の加入者は名寄せ後で二〇〇〇万人を超え、〇七年一〇月には、約五〇〇万人の会員を保持するブックオフとも提携、さらに基盤を拡大した。

業容を伸ばす道具立てのひとつが、この「クリック&モルタル」作戦。

会員に日頃エンターテインメント情報などをメールで配信しながら、それぞれの店舗の事情に応じて、借り手の少ない平日や誕生日などにレンタルの割引クーポンを送り届けたりする。人気海外テレビドラマシリーズ「24（トゥエンティフォー）」新シリーズのレンタル・販売開始に合わせて、主人公ジャック・バウアーの「今日なら何かのために死ねる、俺自身の意思で」をあしらったブログパーツ（自分のブログに貼り付けることができる小さな画像や文章）をネットで無料配布したりもする。

TSUTAYAの名は、創業者で同グループを統括するカルチャー・コンビニエンス・クラブ会長・増田宗昭氏の祖父が事業を営んだ屋号の「蔦屋」に由来する。江戸時代の地本問屋蔦屋の主人が蔦屋重三郎だ。蔦屋には浮世絵師や戯作者の山東京伝、滝沢馬琴、十返舎一九らが出入りし、写楽を世に送り出した黒幕は重三郎ともされる。TSUTAYAでは「江戸と平成という時の隔たりはあるが、『情報流通の企画会社』カルチャー・コンビニエンス・クラブが目指すものと共通点は多い」としている。(1)

化粧品や栄養補助食品大手のファンケルはこのほど、佐賀県に直営店舗を開設した。同社は一九八〇年に無添加化粧品の通信販売からスタートしたが、これで全国の都道府県すべてに直営店舗を置いたことになるという。一方、通販ではファンケル・オンラインで一〇〇万人を超すネット会員を抱えており、インターネット通販サイト部門のアフターサービス顧客満足度第一位（「『日経ビジネス』一万七〇〇〇人によるアフターサービス満足度ランキング07」）、通販化粧品メーカー・サイトランキング第一位（ゴメス社Eコマースランキング06）などに選ばれている。通販のネット販売は今後さらに増やす計画。

全国店舗の店頭でまず、化粧品や栄養補助食品について顧客の要望に合わせてきめ細かく直接相談に乗り、そのうえで次回からはネットで注文してもらい、ネット販売の比率を高める方針だ。売り上げの伸び率はいまのところ、通信販売より店舗販売のほうが大きいが、購入単価は通信販売のほうが客の七割がた高いという。(2)

「C&M」が地道に功を奏している例といってよい。

「わが国最大」という二〇〇〇坪（六六〇〇平方メートル）の池袋本店など、大型書店を抱えるジュンク堂書店社長・工藤恭孝氏。

かねて、「アマゾンなどネットによる通販で実店舗の書籍販売が打撃を受けるのではないか」と心配する声が高かったころから、そうした懸念には耳を貸さず一線を画していた。背景には、棚に専門書を多く置いた有力大型書店を全国展開していることがある。ネットは通販だけではなく、実店舗のガイド役を務めてくれることもあるのではないか、持ちつ持たれつの関係がありうるのではないか、と腹積もりしていたからだ。

現に「インターネットで調べた客がメモを片手に店に来てくれる。実際に棚から本を手にとってパラパラめくったうえ、買い求めていただくことがよくある」と指摘する。

東京・秋葉原のヨドバシカメラや東京・有楽町のビックカメラ。

週末ともなれば、オフのサラリーマンや家族連れでごった返す。商品カタログに書き込んだ価格に目をやったり携帯を手にしたりして店員と価格交渉する光景に出くわすこともしばしばだ。

カタログに書き込まれたメモはあらかじめ家で調べてきたネットの「価格.com」ランキング情報や安売り価格情報が、そして携帯もそれらの内容画面であることが多い。ネットのランキング情報をチェックしながら、店で現物を購入という手順は、ひとつの「C&M」である。

最近の東京・神田神保町。

日曜日はこれまで申し合わせによりどこも一斉に店を閉じていたが、ここにきてシャッターを開ける古本店がちらほら出てきた。探している古本の在庫が間違いなくあることをネットで確認して、週末に店を直接訪ねて来る遠方からの客が増えているからだという。

「クリック&モルタル（C&M）」――米チャールズ・シュワブ・コーポレーション社長のデビッド・ポトラック氏が二〇〇〇年、その著『クリック&モルタル』を著したころ盛んにもてはやされた。インターネットと実際にある店舗を結びつけて相乗効果を上げるビジネス手法だ。レンガと漆喰《しっくい》で固めた堅牢な建物を「ブリック（Brick=レンガ）&モルタル（Mortar = 漆喰）」という。この言葉をもじってつくられた造語が「クリック&モルタル」である。

初めのうち心配されたのは、ネットの利用により既存の店舗ビジネスが荒らされ共食い現象が起きないか、だったが、結果的には杞憂《きゆう》に終わった。

むしろ「クリック&モルタル型」、つまりネットを使いそのうえで直接店舗に来て買う客のほうが、ネットだけ、あるいは店頭だけで購入する客よりも客当たり単価が高いという経験則が明らかになってきた。

自分でネットを使い、しかも現場に足を運んでものを買う客のほうが、うるさ型ながら積極的で購買力があり、継続性も高く、店にとっては上客と位置づけられるようになったのだ。

惜しまれながら先に夭折したＭ＆Ｍ研究所元代表の三石玲子氏は、早い時期からこう指摘していた。

「Ｃ＆Ｍによりはじめて、店頭客からは困難だった客の属性などの情報を得ることが可能になった。ひとが生涯かけてものやサービスを購入する総額を『ライフタイム・バリュー』というが、Ｃ＆Ｍ導入の大きなねらいは、このライフタイム・バリューを最大限自分のところで獲得できるようにすることだ[3]」

「クリック＆モルタル」はその後、「Ｅコマース」、つまりインターネットなどを利用した電子商取引というさらに大きな概念に包含された格好になっている。

「情報津波」では、膨大な量のデジタル情報が私たちを直撃する状況下で、活字メディアの雑誌の量的な存在はほんの微々たるものでしかないことを見てきた。

言い換えれば、**押し寄せる情報量がおびただしければおびただしいほど、量的には微々たる存在**

であるものの、信頼性の高い深掘り型の専門情報である雑誌がガイド役としてデジタル時代に果たせる役割がある。

アナログメディアである雑誌が「ハイタッチ・メディア」として、デジタルメディアにはない和《やわ》らぎや安らぎ、再認識の手立てとして有用であることも見落とせない。「C＆M」――「クリック＆モルタル」というより、雑誌が今後のクロスメディア戦略を担う「クリック＆マガジン」の「C＆M」であるように、工夫したいところだ。

（1）ＴＳＵＴＡＹＡ広報発表資料　http://www.tsutaya-ltd.co.jp/　等による。
（2）ファンケルグループ決算説明会資料・ＩＲ資料集等による。
（3）日経コンピュータ主催セミナー「ＩＴが拓く二一世紀の企業と社会」（01/6/20）

第五章　雑誌に押し寄せる二大潮流（2）

広く深く浸透する「ゲゼル化」

1 「ゲゼル化」の進展

雑誌や雑誌読者を取り巻く環境変化のもう一つが、「ゲゼル化」。

ゲゼルとは、ドイツ語の「ゲゼルシャフト（利益体、利益社会）」からきている。「ゲゼル化」は、「ゲゼルシャフト化」をはしょって筆者がこう呼んだ。

ゲゼルシャフトはもともと、「ゲマインシャフト（共同体、共同社会）」の対語だ。

経済がグローバル化し、わが国からさまざまの製品やサービスが世界の市場に行きわたるようになった。その一方、産業の原材料から、日頃の衣・食・住関連の生活材、さまざまのサービスまでがわが国に大量に流れ込んでくるようになった。近隣の中国、インドの安くて豊富な労働力に押されてわが国労働者の所得が抑えられ、収入の足を引っ張られるようにもなっている。利益を追い求めて駆けめぐる世界的な流動性、つまり大量の資金量増加により国内の金融・証券・商品・不動産市場が大きく撹乱され、相場が乱高下することも日常茶飯となった。

こうした経済の市場化、世界的な流動性の増加、貧困層の増加、格差の広がりなどにより、好むと好まざるとにかかわらず、会社から、町の中の雑踏、家と家の近隣同士、家庭の中にまでゲゼル化が及び、人と人の間がギスギスするようになってきた。
「グローバル化」が広く深く浸透し、加速することによって、わが国の「ゲゼル化」にも拍車がかかっている。

ドイツの社会科学者F・テンニエス（一八五五―一九三六）はかつて、世の中の形態を「ゲマインシャフト」「ゲゼルシャフト」に二分し、対置させた。テンニエスの考え方をかいつまんで見てみよう。[1]

「ゲマインシャフト」は、「本質意思」により人々が全人格的に結びついた有機的な共同体、共同社会である。それは、⑴母子関係、⑵夫婦関係、⑶きょうだい、つまり同じ母の身体から生まれたものとして認め合っている者たちの関係――において最も強い（父と子の関係は母子関係に比べればずっと弱く、その精神的な性質の点で兄弟の愛に似ている、とテンニエスはみる）。

血のつながりで「肉親・母子関係・家族・民族」、場所のつながりで「近隣・夫婦関係・村落・自治共同体」、精神的なつながりで「朋友・兄弟関係・都市・教会」、これらこそがゲマインシャフトの社会だとしている。そこでは、伝統や慣習、宗教が力を持ち、情緒的な一体感のもとで人々が仲よく暮らしている。

言ってみれば、フーテンの寅さんと、寅さんを取り巻くさくらや、ミツオ、おいちゃん、おばちゃん、隣の工場のタコ親父らで形作る葛飾柴又の世界である。昭和三〇年代の東京の下町を描いた「ALLWAYS 三丁目の夕日」や、小津安二郎映画のお茶の間の世界と言ってもよい。

共同社会には、発展に応じて血（血縁）のつながった「家」、土（地縁）に根ざした「村」、心（心縁）の結びついた「町」の三つの段階がある。人々の交流が盛んになり、社会が広がり開放的になるにつれ、ゲマインシャフトはゲゼルシャフトの時代へと移っていく。

信頼に満ちた親密な水入らずの共同生活がゲマインシャフトにおける生活であった。これに対して「ゲゼルシャフトは公共生活であり、世間である。人は、誕生以来、家族の者とともにゲマインシャフト的な生活を送り、あらゆる幸不幸をともにしながら暮らしている。人は見知らぬ国に行くような気持ちで、ゲゼルシャフトの中に入っていく」。

「ゲゼルシャフト」はゲマインシャフトの対極に位置し、利益体、利益社会とも訳される。人々の打算やさまざまの思惑なども含んだ「選択意思」により、手段として互いに相手を必要とし、そのために観念的に機械的に結合した社会である。

そこでは「人々は本質的に結びついているのではなくて、本質的に分離している。また人々は、ゲマインシャフトではあらゆる分離にもかかわらず結合しつづけているが、ゲゼルシャフトではあらゆる結合にもかかわらず、依然として分離しつづける。……ここでは人々はそれぞれ一人ぼっちであって、自分以外のすべての人々に対しては緊張状態にある。……」。

と指摘した。

テンニエスはゲゼルシャフトの典型として「大都市」—「国」—「世界」の三つの発展段階がある、

「ゲゼルシャフトの共通の目的は『取引』という言葉で最もよくあらわされる。……そこではその地方全体は単なる市場にすぎない。購入市場であり販売市場なのである。このことは国内商業と同様に……海外貿易に関しても妥当する。各地方は商業地域に発展し得るが、領域が広くなればなるほどますますゲゼルシャフト的な地域として完全なものとなる。……交換法則の純粋法則があてはまる可能性がますます大きくなり、人間や物品が持っている非商業的な諸性質がますます脱落していくから。このようにして商業の領域は最後には一つの主要市場に、究極においては世界市場に集中し、他の一切の市場がこの世界市場に依存するに至る」

テンニエスはさらに言う。

「この市場では、領域が大きくなればなるだけ、（取引をおこなう者のすることは）すべてかれら自身の利益のためになされるという真理もますますはっきり純粋に現われてくる。かれらの目から見るならば、この地方の土地や労働も、かれらが取り引きする他のあらゆる地方の土地や労働と同様に、かれらの資本を投資し流通させるための……対象である。（集積された利益や）富は資本と称せられ、生産目的や商業目的のために使用されることにより絶えず増大していく」

まさに、今日の**「グローバル化」**である。

わが国は戦後の焦土からの復興から、高度成長、バブル、バブル後の失われた一〇年、そしていまの日本へと、変化を遂げてきた。それまでは、善しにつけ悪しきにつけゲマインシャフト、つまり共同体的な社会であった。

海外ではこの間、ロシア共産主義社会の自壊、東西ドイツを分け隔てたベルリンの壁の崩落、超大国米国の支配、フランスとドイツが手を結んだ統一欧州EUの誕生、生産基地や膨大な市場としての中国、インドの台頭——などがあった。そしてそれらを引き金にしていま、地球規模での変化、グローバル化が急ピッチで進行中である。そのグローバル化がゲゼル化を促す。好むと好まざるとにかかわらず、グローバル化が進むにつれ、わが国もゲゼル化した社会に移行しつつある。

テンニエスの言葉を借りれば、単なる地域や国内だけの「家—村—町」の「ゲマインシャフト」から、海外の生産基地や市場とかかわり合う「大都市—国—世界」の「ゲゼルシャフト」に向かう大きな流れの中に押し流されているのだ。

グローバル化の進展につれてしぼむ中間階級層、共同体的な色合いの薄まり、格差の広がり——それらはわが国だけにとどまらない。世界中がいま、ゲマインシャフトからゲゼルシャフトへと、ひたすら「ゲゼル化」路線を突っ走ろうとしている。

プロ野球の松坂大輔投手は〇六年、西武ライオンズから米メジャーのボストン・レッドソックスにトレードされ、話題を呼んだ。松坂はこれにより六年間で六〇億円の報酬を得ることになった。同年のワールドシリーズを制したレッドソックスは翌年の開幕戦を日本で開催、松坂は晴れてメジャーリーグの開幕勝利投手となった。

その一方、誰がやっても同じような単純な仕事や作業は、一時間当たり数十円から数百円という膨大な労働力を抱えた中国、インドなどの労働単価に、国境を越え限りなく引き寄せられる格好となっている。これもグローバル化、ゲゼル化の断面である。

雑誌読者を取り巻く状況は、ゲゼル化によって様変わりとなっている。それが進むにつれ、**読者が雑誌に身を寄せ求めるのは、「第1人称のジャーナリズム」の雑誌だからこそ持ち得る編集長の人肌のぬくもりや、共感し親しみを覚える誌面内容や編集センスである。**正体不明の匿名や仮名が横行するネット世界に求めても、必ずしも満たされないところだ。

と同時に、雑誌の送り手側としては、加速してやまない「ゲゼル化最前線」の動きに絶えず目を光らせ、その動向を編集企画や常設コラム、記事として提供していくことも欠かせない。

（1）『ゲマインシャフトとゲゼルシャフト』（F・テンニエス、杉之原寿一訳　岩波文庫）

2 没落する雑誌最大の読者層、「日本的中産階級」

わが国でいつの間にか、「貧困」がはっきりあちこちで顔をのぞかせるようになった。

この一〇年間で見ると、世帯当たりの年間所得はほぼ一貫して減っている。と同時に、平均所得を下回る世帯数が増え続けている。

わが国ではいま、明らかに貧困化が進んでおり、しかもその過程で二極化も確実に進行している。

厚生労働省の「国民生活基礎調査」(平成一九年)によると、わが国全世帯の年間平均所得は五六六万八〇〇〇円だった。年間平均所得はこの一〇年で約一〇〇万円、およそ一五%も減った勘定になる。

年間所得が平均を下回る世帯は全体の六一%に達する。このうち年間三〇〇万円未満の世帯はざっと三世帯のうち一世帯を占めるまでになった。一〇年前はせいぜい四~五世帯に一世帯の割合にとどまっていたから、かなりのピッチで貧困化が進んでいる。

「生活が大変苦しい・やや苦しい」と訴える世帯は五七％と過半を占め、過去最多である。しかもその比率はじわじわ高まり、このところ毎年、史上最悪を更新し続けている。「生活が大変苦しい・やや苦しい」と答える世帯は、一〇年前には半分以下にとどまっていた。一四年前にはおよそ三分の一にすぎなかった。

正規雇用者はこの二〇年間で一割も減っている。その一方、非正規雇用者は六割も増えた。非正規雇用者は〇七年、一七三二万人と、はじめて雇用者全体の三分の一以上に達した。いまや雇用者の三人に一人は非正規雇用者である。バブル崩壊後のゆるやかな景気回復に伴う雇用改善は、もっぱら非正規雇用を増やすことでおこなわれてきた。

非正規雇用者の所得は正規雇用者の平均四〇％でしかない。ゆるやかな景気回復につれて、わが国の給与所得者数は〇七年、五三七七万人と微増だったが、給与総額は二〇一兆円とそれを下回る伸び率でしかない。給与所得者の一人当たり平均年収は九年間減り続けており、年収が二〇〇万円に届かない給与所得者は一〇〇〇万人の大台に乗っている(1)。

経済協力開発機構（ＯＥＣＤ）はその報告書で「日本の相対的貧困率上昇の最も大きな理由は、労働市場で正社員などの正規雇用に比べパートやアルバイトなどの非正規雇用が増大し、二極化が進んだことだ」と指摘、さらに「非正規雇用から正規雇用に切り替わることができた雇用者の比率はほんのひとにぎりであり、労働市場の二極化や格差はそのまま固定化するおそれが強い。教育政策上の配慮をしないと、次世代を引き継ぐ子どもまでがそのまま底辺にうずもれてしまうおそれがある」と警告している。(2)

改正パート労働法の施行など、改善の機運はあるが、対象範囲は部分的だ。トヨタ自動車やキヤノンといった現・前日本経団連会長会社が期間従業員を正社員に登用したり、雑貨販売のロフトやアパレルのワールド、牛丼の吉野家などで契約社員やパートを正社員に切り替えたりする動きも出ているが、ごく一部にとどまる。グローバル化が着実に進行する中で、企業側も自衛上、慎重な構えを崩せないからだ。

別の日本経済研究センターなどの試算によると、九三年当時、国別競争力順位で先進七カ国（G7）中トップだった日本は、低成長と円安がこのまま続けば、二〇二〇年には一人当たり名目国内総生産（GDP、ドルベース）が米国の半分程度に落ち込むおそれがあるという。

村上泰亮氏はかつて、『新中間大衆の時代』（中央公論社）でこう指摘した。

「近代の日本的経営は前近代の『イエ』の制度を踏まえて、終身雇用制を採用し、企業は永遠であるとして企業の解散だけでなく従業員の解雇をできるだけ避けようとしてきた。年功序列型の昇進や賃金制度を取り入れる一方、職務間の流動性を高めて固定化を防ごうとし、福祉・レジャー・

住宅供給等々を企業内でおこなおうとする傾向があった」

こうした階層は文化的な次元で独特の「中流」の生活様式を持ち、……勤勉・節約・結婚と家族の尊重・計画性・効率性・責任感などの……自覚的な担い手であり、資本主義の実質的な文化的リーダーであった、と付け加えている。

村上氏がこう唱えたのは、およそ二〇年前の一九八四年。雇用は当時、ほとんどが正規雇用であり、その比率は八割を超えていた。

東大教授の大河内一男氏が『日本的中産階級』（文藝春秋）を著したのは六〇年（昭和三五年）、まさに所得倍増計画の入り口の年である。わが国の中産階級は半世紀前に始まった高度成長に育《はぐく》まれ、その発展途上で「新中間大衆の時代」「一億総中流の時代」「日本的中産階級」を体現したのだ。

総理府の調査によると、当時「自分の家の生活程度は上、中、下のうち『中』に相当する」との答えが九割弱と圧倒的に多かった。さらに「中」のなかでは「中の下」の比率が下がり続け、八〇年代半ばには「中の中」の比率が過半に達していた。まさに中間階級の盛りの時であった。

恒産《こうさん》なければ恒心なし。（孟子）

収入が十分でなければ、夫と妻、親と子、家庭の中はぎくしゃくしがち。給与が抑制される中、収入を補うために、やむを得ず家庭の外に出て働く「主婦」も多い。

「グローバル化」の進展にともない、「ゲゼル化」も進む。貧困化や二極化の流れはゆるやかになることはあっても、基本的に大きく変わることは無いと考えられる。「恒産」の無さがもたらす世間のギスギスした感じは、増すことがあっても減ることはないだろう。

年間所得の減少や相対的貧困率の高まり、非正規雇用の拡大、格差の広がりなどにより、「一億総中流の時代」や「新中間大衆の時代」はその姿や形を大きく変えて、後ろに退きつつある。**総合誌や大衆誌がこの世の春を謳歌していた時代、その最大の読者層は日本的中産階級であった。だがいまや、支えていてくれた読み手は力を失い空洞化しつつある。**金銭的な余裕や時間的なゆとりが減って、雑誌をなかなか手に取ってくれない状況になっているのだ。新中間大衆の多数の人々が誰でも彼でも、並みの出来ばえの雑誌にも手を伸ばしてくれた古きよき時代は、もはや過去のものである。

（1）総務省統計局「雇用形態別雇用者数——労働力調査詳細結果（平成一九年）」

（2）ＯＥＣＤ「日本経済調査報告2006」
http://www.oecd.org/document/55/0,2340,en_2649_201185_27127031_1_1_1_1,00.html

3　偽装発覚列島――職場に広がるゲゼル化

頻発する偽装や不当表示。

食品加工販売会社のミートホープ（苫小牧市）は豚肉を混ぜたひき肉を「牛ミンチ」として出荷し、外国産牛肉を混入した牛ひき肉を国産と偽って販売していた。公になって自己破産、創業者・田中稔社長は逮捕され、第一審で実刑の有罪判決を受けた。かつて社長とひと時労苦をともにした元常務の内部告発がきっかけである。

同じ北海道で、道を代表する土産品のチョコレート菓子「白い恋人」を製造販売している石屋製菓（札幌市）は、賞味期限を改ざんしていたことがわかり、創業家出身の石水勲社長は引責辞任に追い込まれた。きっかけは札幌市保健所にかかってきた一本の告発電話であった。

お伊勢さま参拝みやげとして知られる「赤福」（伊勢市）は、謹製日や消費期限を改ざんして出荷していた事実が発覚、営業停止となった。改ざんは一九六〇年代からおこなわれていたという。「消費期限切れ製品の表示を付け替えて売っている」との告発情報が地元の保健所に寄せられ、露見した。

老舗《しにせ》の料亭・吉兆グループの一員である船場吉兆（大阪市）は、九州産牛肉を兵庫県産「但馬牛」と偽装しデパート等で売っていたことが表沙汰になった。客に出す料理に惣菜を使い回していた事実も明らかになり、これが命取りになって廃業に追い込まれた。きっかけは福岡市中央保健所にかかってきた一本の匿名電話。

三笠フーズ（大阪市）は農薬が残留している工業用事故米を食用と偽って酒・焼酎・菓子メーカーに不正転売、消費者に大きな不安を与えた。これも外部からの告発が発端となり、表面化した。

食だけにとどまらない。ニチアスなどによる防火用断熱パネルの不燃性偽装、日本製紙グループのリサイクル古紙混入率偽装などが槍玉に上がった。公正取引委員会が不当表示した企業に違反行為をやめるよう命じる排除命令もここにきて史上最多、という状況である。

まさに「偽装列島」である。

天皇は〇七年末、恒例になっている誕生日の記者会見で「生活の基本である食について、国民に不安をもたらすような事情が明らかになったのは残念」と、特にこの問題に触れられた。

同じ歳末、恒例の「今年の漢字」が発表された。「偽」である。投票応募総数の二割近くを集めた。しかも二位以下は「食・嘘・疑・謝・変……」と続く。いずれも食をはじめとする「偽装」がらみだ。これらの不祥事が世間にどれだけ広く深い衝撃を与えたかがわかる。

第一生命保険はその年恒例の「サラリーマン川柳」入選作を発表した。「衣食住　すべてそろっ

た　偽装品」はその中の一句。

世の中が急に悪くなったのだろうか。

そうとは言えない。それぞれの事例をよく見ると、偽装は実は過去数十年前にさかのぼるとか、創業以来ずっと続いていたというのがほとんど。つまり**偽装そのものが最近にわかに多くなったというよりも、偽装の「発覚」や「表沙汰」がここにきて急増したのである。**

偽装列島というよりは**「偽装発覚列島」**だ。

発覚や表沙汰がなぜふえたのか。

発覚のきっかけはほとんど、企業内部からの告発や取引先など関係者からのタレ込みである。

もちろん、企業には企業責任（ＣＳＲ）を果たすとともに企業コンプライアンス（法令順守）を遵守するよう以前よりも強く求められるようになった、公益通報者保護法が制定されたなど、企業の不正を暴く体制や制度が整ってきた、という変化は大きい。

だがおおもとには何と言っても、グローバル化やゲゼル化の進行にともない、企業と従業員の関係や企業の取引先との関係が大きく変わってきたことがある。

バブル崩壊後の景気回復の過程でも賃金は抑制され、労働分配率は低くとどまったままだ。成果主義の導入により、社内の雰囲気はとげとげしいものに変わりつつあり、会社内のあちこちに不満や苦情の吹き溜まりができている。いざというときに、結局は派遣会社を介してしか自身の働く職場と結びつくことができない派遣社員やパート・アルバイトなど、非正規雇用の比率も高まっている。企業側が「会社との一体感を持て」と声高に呼びかけても、現場としてはおいそれと聞き入れにくい状況だ。しかも働く側には、単なる労働者というだけでなく、消費者としての意識も強まってきている。これまでは企業内部に抑え込まれ表面化しにくかった偽装や不当表示が、世間に流出しやすくなったのである。ゲゼル化が進む世の中を象徴する。

偽装発覚社会は「クレーマー」社会でもある。学校に対し常識はずれの理不尽な要求を繰り返しておこなう児童や生徒の保護者、モンスターペアレントや、病院や診療所に対するモンスターペーシェントの出現なども、社会のゲゼル化がもたらした現象の一部である。

4　増える親殺し・子殺し――ゲゼル化、家庭に忍び込む

ゲゼル化の動きは会社や職場にとどまらず、家庭にも広がっている。それを端的に示すのが、親殺し・子殺しの増加だ。

まず、親殺し。

殺人事件の被害者と被疑者の関係を見てみると、未成年（一四～一九歳）の子による親殺しは長い間、年間数件の一ケタ台で推移していた。それが〇五年に一七件と、一挙にほぼ倍に増え、引き続き〇六年も一五件と高い水準にある。

次に親による子（一四～一九歳）殺し。〇一年以降四～六件、平均五件で推移していたが、〇六年に七件とやや増加している[1]。

新聞・テレビ報道を見聞きしていて、親殺し・子殺しのニュースがこのところやたら多いのでは、という印象を抱くことがあるが、これらの数字はそれが決して間違いでないことを示している。

本来なら共同社会の場である「家」が、親にとっても子にとっても必ずしも安住の場ではなくゲゼル化してきたという現実がある。

「家族」とか「家庭」とは、何なのか。

「寅さん」シリーズの山田洋次監督の作品に「息子」がある。九一年度のキネマ旬報ベストテン第一位で、監督賞を受賞した。

岩手に住む三國連太郎扮する年老いた父親（昭男＝主人公）が東京に出てくる。奥さんを亡くして一周忌が終わったところだ。東京に住む二人の息子を訪ねるが、大企業に勤める長男は仕事に忙殺されており、冷ややかな対応を受ける。

聾唖《ろうあ》者のフィアンセが見つかったフリーターの次男が、親愛の情を見せてはくれるものの、結局は都会に自分の居場所を見いだせず、誰が待つでもない一人暮らしの岩手の家にまた戻ってくる。

短い冬の日が沈もうとしている。雪に埋もれたわが家に帰ってきたとき、暗い冷え切った家の中に過去の場面が一瞬よみがえる。

シナリオではこうなっている。


――ふとあたりが明るくなる。

首を巡らせて居間を見る昭男、その表情に若々しい微笑がうかぶ。

十数年前の家の中――囲炉裏を囲んで食事する家族の光景が蘇る。

鍋の中味を椀によそうきぬ江（妻）。
三人の孫たちの世話をする母。
その様子を笑顔で眺める父。
「おい、今帰ったぞ」きぬ江が昭男に顔を向け、白い歯を見せる。
父も母も笑顔で頷く。
子供たちが振り返り、嬉しそうに笑う。
「あれえ。なして知らせてくれなかったの。駅まで行ったのに」
……囲炉裏の火がはぜ、ぐつぐつ煮え立つ鍋からもうもうと湯気が立ち上る――。
やがてその幻想がかき消える。
薄暗い室内でストーブに新聞紙と小枝を入れ、火をつけている一人きりの昭男。(2)

奥さんもまだ若くて元気、子どもたちもまだ幼くじじばばの膝の上にいる、狭い部屋の中におおぜいが膝つき合わせて座り、楽しそうに談笑している――貧しくはあるが、「狭いながらも楽しいわが家」。それぞれの家でかつて、そのような小世界が展開されていた。
それもいまや、幻になりつつある。

冒頭の「演出の言葉」で山田洋次監督は、こう書いている。

『リヤ王』、『セールスマンの死』、『東京物語』の例を引くまでもなく、この主題は古くからくり返し語り続けられて来ている。しかし、異常な好景気、開発ラッシュ、すさまじい勢いで変貌しつつあるぼくたちの祖国、経済大国日本の現実の中で、この主題はまた新たな意味と重みと、そして、深い悲しみの響きをもつに違いない」

「ふぞろいの林檎たち」「冬構え」などのシナリオで知られる同じ昭和ひとケタ世代の脚本家・山田太一氏は、「家族の関係が束縛であることが、むしろ現代では救いだ。……（私たちはいま）もめごとを避け、互いに心の内部がわからない社会に生きている。その不安、孤独をかかえている時代に、プラスもマイナスも一緒くたに生身の人間を知ることのできるのは家族」と語る。[3]

親殺し・子殺しは全国五〇〇〇万世帯のごく特殊なケースにすぎない。が、そうした事例の増加ぶりはやはり、家の中が最近、変わりつつあることを示している。家庭でも共同体的な色合いが急速に薄れ、ゲゼル化が進行しているのだ。

雑誌はいまや、日本的中産階級の共同幻想を振り払い、読者層を細分化して設定し、それに合わせて中身を提供していくことが求められている。と同時に、現場からのオリジナル報道の強化、和らぎや安らぎの機能の提供、再認識の手立てとしての役割や評価情報の強化など、ゲゼル化社会に

対応した「雑誌力」を高める工夫をこらす必要に迫られている。

（1）警察庁「平成一九年の犯罪情勢」
（2）『山田洋次シナリオ集　息子・家族』（山田洋次　岩波書店同時代ライブラリー）
（3）「家族の束縛と救い」日本経済新聞〇七年七月一二日夕刊

第六章　「5R」

「デジタル情報津波」「ゲゼル化」時代の雑誌の作り方

デジタルメディアの大量・迅速・検索性・双方向性の情報津波によって直撃される社会。ゲゼル化による利益社会化や二極化がひたひたと進む世の中。

滔々《とうとう》とした、しかも決して元に戻ることはない二つの大きな流れの中で、これからの雑誌をどのように作っていくか。

雑誌蘇生を担う今後の新しい雑誌のあり方、作り方を五つの「R」としてまとめてみた。

まずは、①**「リポート＝Report**（from the scene）**」**。**現場からのオリジナル報道の強化**である。

活字メディアとしての基本は3KGだ。そのひとつである現場からの報道をあらためて徹底することが大切だ。原点に立ち返って、現場からの報道をきちんとおこなう「現場主義」がこれからの雑誌にはますます求められる。現場発には独占的なニュース報道はもちろん、独占的な会見・手記・座談会もあり得る。

ネットの上では、「コピー（カット）＆ペースト」の操作により、いとも簡単に引用、転用できてしまう。

「一犬虚に吠えれば、万犬実を伝う」――まるででまかせの情報がネット上を飛び交い、あちこちで引用されているうちにいつの間にか、あたかも真実の情報であるかのようになりすまして世間に広まりかねないのが現状である。

重宝に使われるグーグルの検索型情報にしても、あたりまえのことながら、グーグルに入っている情報は検索もできるが、その中に入っていない情報は取り出しようがない。無から有は生じないのだ。「アラジンの魔法のランプ」とは異なる。

デジタルメディア時代にあって、雑誌ジャーナリズムはプロとして、自分の目で見、耳で聞いたオリジナルの第一次情報を現場からきっちり提供していくことが一段と求められている。

「芸術作品は、原理的には、常に複製可能であった。人間が製作したものは、たえず人間によって模造されえたのである。……どれほど精巧につくられた複製のばあいでも、それが『いま』『ここに』しかないという芸術作品特有の一回性は、完全に失われてしまっている。しかし、芸術作品が存在するかぎりまぬがれえない作品の歴史は、まさしくこの存在の場と結びついた一回性においてのみかたちづくられてきたのである。……『ほんもの』という概念は、オリジナルの『いま』『ここに』しかないという性格によってつくられる。……ここで失われてゆくものをアウラという概念でとらえ、複製技術のすすんだ時代のなかで滅びてゆくものは作品のもつアウラである、といいかえてもよい。このプロセスこそ、まさしく現代の特徴なのだ」――ドイツ思想家のヴァルター・ベンヤミン（一八九二―一九四〇）は『複製技術の時代における芸術作品』の中でこう論じる。(1)

その性格や置かれた状況は異なるものの、「芸術作品」や「ほんもの」という概念を「現場からのオリジナル報道」に置き換えてみる。

デジタル時代にあって、「現場からのオリジナル報道」をきちんと盛り込んだ雑誌こそ、模造可能な複製技術により制作されるコンテンツとは異なる「いま」「ここに」しかない一回性のアウラ(aura＝オーラ)が精彩を放つのだ。

誌面から「オリ現情報」、つまり「オリジナル」の「現場」情報のオーラが立ちのぼる雑誌——それがネット時代にまず求められる要素である。

次は、②**「専門性　レンジ＝Range**(of coverage)**」。発射角を絞り、専門性やニッチ度(特定分野の度合い)を高めた情報**提供である。

情報を提供する対象分野や範囲について発射角度や射程距離を絞り込み、いっそう専門・特定分野型の媒体を目指す工夫がいる。

『週刊朝日』元編集長の扇谷正造氏は往年、こんな話を講演で披露していた。

「誰にでも読まれるような雑誌を漠然と作っていると、すぐ誰にも読まれない雑誌になってしまう。私なんかは特定の一人の架空読者をいつも念頭におき雑誌を作っていた。具体的に言えば、旧制高等女学校卒業で結婚して十年、二人の子どもを抱える家庭の主婦というイメージだ」

この女性が読んだときに中身や文章が難しくはないか、を吟味する。特集のテーマに頭を痛めたり、タイトルの付け方で迷ったりしたときはいつも、この架空の主婦に問いかけ、その目線に合わせて決めていたという。

専門性やニッチ度の高さとはちょっと違う。が、想定される読者の嗜好《しこう》に応じて雑誌のコンセプトを明確に絞り、それを踏まえた内容の誌面をきっちり送り届ける、という点では通底する。

扇谷氏はそのことを「誰もが読む雑誌はすぐに誰もが読まない雑誌」になってしまいかねない総合週刊誌の編集でおこなった。名編集長たるゆえんである。このような編集観のもと、『週刊朝日』は同氏編集長時代に発行部数一五三万九五〇〇部の金字塔を打ち立て、「国民雑誌」とも呼ばれた。

米国で写真総合誌『ライフ』が廃刊になった。

同誌は、戦火の悲惨さから微笑ましい家庭生活の光景にいたるまで、数々の目に焼きつく報道写真を載せ、二〇世紀の目撃者であり記録者である役割を果たしてきた。一九三六年の創刊後、僅か半年で一〇〇万部の大台に乗せたタイム社のフラグシップマガジン（旗艦雑誌）も、テレビの台頭とともに力を失い、休刊、復刊を繰り返してきた。最近では新聞折り込み誌として永らえていたものの、ついに命脈が尽きたかっこうである。フォトジャーナリズムの総合誌としてひとつの役割を終え、舞台から静かに去っていった。

『ライフ』に限らず、海外・国内を問わず雑誌出版にはこのところ、一貫して総合誌から専門誌へ、マス・マガジンからスペシャル・インタレスト誌への強い流れがある。

世の中や社会の成熟化につれて、必要とされる情報の質が変わってきたことも見落とせない。たとえば日本経済の成長率にしても、経済の伸びが大きかった成長期には、前年に比べて伸び率が五%なのか、一〇%なのかでこと足りた。

しかし成熟期に入ってその伸びが仮に〇%にとどまったとしよう。プラスマイナス〇%という総合・マクロ・経済レベルの数字は、それだけでは情報としてたいして意味がない。ある産業はマイナス一〇%、マイナス二〇%かもしれないが、別の産業がプラス一〇%、プラス二〇%であれば、それらの平均が経済成長率全体として〇%に収斂《しゅうれん》する結果にもなる。

ここで欲しがられ必要とされる情報はいまや、平均〇%ならそのうちどの業種がマイナス二〇%で、何の業種がプラス二〇%なのか、さらには、同じプラス二〇%の成長業種の中で伸び率五〇%の企業はどこか、五%に過ぎないのはどの企業か、なぜなのか、である。ここでは、総合・マクロ・経済の情報よりも専門・ミクロ・産業企業レベルの精細情報こそが求められる。

ネットなどで通り一遍の断片的な情報が氾濫すればするほど、信頼度のあるオリジナルの専門・ニッチ情報を載せた雑誌の必要性は高まる。

ここのところはよく気をつけていないと、とかくすぐにゆるんで、「……論」を唱え始めたり、「総合」「総花」へとさまよったりしがちだ。ネット時代になって読者は誌面内容にひときわ敏感になっている。誌面がかったるくなって二、三カ月後には、鋭敏な読者から順に離れていく。「サッチ・ニッチ（そんな隙間を）」くらいで、ちょうどよい。

雑誌として例をあげれば、ここでは『サライ』『danchu』『SAPIO』『TARZAN』『いきいき』『yom yom』など。

読者が対価を払っても十分引き合うだけの専門・特定分野情報の提供は、デジタル時代に対応する雑誌のひとつのあり方である。

次は③**「安らぎ・癒し　リリーフ＝Relief**（& Relaxation）**」**。

だいぶ以前のことになるが、東京を訪れ講演した米『Men's Health（メンズ・ヘルス）』元編集長のラファボア氏から直接話をうかがう機会があった。同誌は米出版界にあって内容に優れよく売れる雑誌として、毎年といってよいほど数々の賞を取ってきた。

その秘訣を同氏に聞くと、こんな答えが返ってきた。

「米国でも少子化が進んで家庭で兄弟の数が減り、一緒に遊ぶ友達の数も少なくなった。昔だったら、初めてのデートでキスをしてもいいの？　どこまで許されるの？　といったちょっとしたセックスの悩みごとなどは、兄貴や悪童仲間に聞けば誰でも教えてくれた。だがいまは、おいそれとはいかない。そこで自分が常日ごろ心がけているのは、トップストーリーはもちろん、小さなコラムから読者の声欄にいたるまで、いつも『兄貴』になったつもりで雑誌を作り、読者の悩みごとや心配にもこたえるようにしている。あるいはそのように取り組んでいることが読者にわかってもらえるように努めている」

読者に和らぎや安らぎを与え、救う役割を雑誌が果たしているのだ。

「直《ちょく》」「近《きん》」「触《しょく》」をスローガンに掲げて「生きかたを考える情報を発信しています」——と唱えるのは、『いきいき』。ユーリーグ社直販の定期購読誌である。

雑誌の読者一人ひとりと「直」接結びつき、読者の気持ちや感情に「近」づき、読者と「触」れ合う機会を大切にしていく——を理念にしている。

「五〇代からの生き方・暮らし方の応援誌」である旗艦誌『いきいき』を中核に置き、生活カタログ「ふくふく」、ファッションカタログ「スムリラ」による通販、旅行事業の「てくてく」、生き方講座「わくわく」、カタログの商品を実際に見せる店舗「いきいきショールーム」、クレジットカード事業「いきいきカード」などを引き連れて、連合艦隊「Uリーグ《ユー》」を形成、展開中だ。単行本では日野原重明氏の『生き方上手』シリーズがベストセラーに。電話センター「いきいきセンター」をこのほど開設、読者からの生の声を集めてもいる。「クロスメディア」を地で行く。

『いきいき』の創刊は一九九七年。売り上げを毎年伸ばして、〇七年三月期は一六六億円。現在の『いきいき』は「五〇年代からの生き方・暮らし方の応援誌」だが、「よりよい生き方を求めるのはどの世代でも同じ。やがては世代を超えて、生き方を考える情報を発信していく」と今後さらなる展開をはかる。

『クウネル（ku:nel）』はマガジンハウス社発行の隔月刊誌。〇三年に創刊された。はじめは不定期発行だった。

スローライフあるいはロハス（健康と環境を志向するライフスタイル）系の雑誌とされるが、キャッチコピーはあくまでも「ストーリーのあるモノと暮らし」。「これから始まる私の生活」が創刊号のタイトルだった。

メルマガ「Zassi.net 通信」で雑誌評論を手がける中沢明子氏は「この空気感、そぎ落とし感、ファンタジック感は一体なんだろう？　……当時はまだ『ロハス』も浸透していなかったし、スローライフのおしゃれ感もまだまだ希薄であった。だからこそ、『クウネル』のスローライフの『料理の仕方』に『一本とられました』の気分になったのだ。……特異だったのは、作品然とした絵本的要素が加わっていた点。『ロシアの田舎』へ行ったり、『パリのすみっこ案内』をしたり」とコメントする。[2]

読者評にはこんなのがあった。「学校へ行くときやアルバイトに向かうときに、『クウネル』をカバンに忍ばせておくと、それだけで**〝心に湯たんぽ〟**という感じで、あったかい気持ちになる」。

雑誌が立派に安らぎや癒しの効果を与えている例といってよい。デジタルのハイテクメディアでは十分満たせないハイタッチのあたたかさを、雑誌は読者に伝えることができる。

洋の東西は問わないらしい。

米『プレイボーイ』女性版とされる『コズモポリタン』の名編集長として鳴らしたヘレン・ガーリー・ブラウンについて、常盤新平氏はこう書いている。(3)

「(同編集長は)読者の関心がどこにあるかをよく知っていた。……二〇代から四〇代までとされる女性読者に、『アメリカの夢』は男の専売特許ではないと一貫して語りかけてきた。……アメリカの雑誌の成功の秘密は、編集者が自分の好むものを雑誌に掲載することらしい。自分の好み――哲学だろうか――が雑誌に反映して、それが読者に受け入れられるならば、広告主の支持するところとなり、その雑誌は成功する。……雑誌編集者の好みは読者と一致しなければならない。読者の求めるものを雑誌が与える。ヘレン・ブラウンはつねに読者とともにあるので、読者も彼女の『献立』を熱烈に受け容れる」

当時、『コズモポリタン』は米ニューヨーク・タイムズにこんなコピーの媒体広告を掲載していたという。

「恋をするって……これはとっても素敵で、めったにないこと。私のお気に入りの雑誌によると、いろんな人を愛さないといけないけれど、あの気の遠くなるような、あの決定的な経験にいつも心の準備をしておきなさい、ですって。私はこの雑誌が大好き。本当に私の心をわかってくれる。私があのコズモポリタン・ガールだってこと、わかるんじゃないかしら」。

『プレジデントFamily』（プレジデント社）、『日経Kids+』（旧日経ホーム出版社）など子育て雑誌が相次いで創刊され、ひとつの新しい分野として定着してきた。

受験や学力向上といった事柄だけにとどまらず、遊びや食事、しつけに至るまで幅広く情報を提供する。

親が実際の子育てにふだん不安を感じているものの、核家族化の世の中、本当に知りたいことを聞ける相手がいつも身の回りにいるわけではない。親に聞こうにも自分が子供だったころの話は時代が変わり役に立たないことが多い――こうした状況にこたえようというものだ。

『プレジデントFamily』はもともとビジネス誌『プレジデント』の別冊として創刊され、一年後に月刊となった。初めは『プレジデント』の男性読者に向けたものだったが、奥さんやお母さん向けに編集方針を軌道修正した。

『日経Kids＋』（〇七年四月号）に載った「子どもの可能性をひらく　父親力×母親力　父親だからできること、母親だからできること！」を取り上げて生活評論家の江木佐織氏は、メールマガジンで次のようにコメントする。

「……乳幼児期・少年少女期・思春期と子どもの成長に合わせた親のサポートをどう変えるか。Q＆Aの答えも複数あり、『えーわが家の場合は……』といろいろ考えてみるのも楽しい。……さらにはシングルの親やワーキングマザーの場合など、あわただしい育児の合間に断片的に読んでも

理解できる。『こんな本（＝雑誌）が三〇年前にも欲しかった』とお祖母ちゃん（＝江木氏）は思うのです」(4)

これらの雑誌は、読み手の心のよりどころになるという点で『メンズ・ヘルス』や『クウネル』と同類項である。

和らぎや安らぎを与えるというのなら、双方向のブログで足りるのではないか、という見方がありうる。だがブログの多くはネット上匿名のやりとりだ。署名性や顕名性があるハイタッチ型メディアの雑誌や本とは、癒しや安らぎの効果もおのずから異なる。さらには形として手元に残る記録性などの役割も見落とせない。

サントリー次世代研究所が最近おこなった「若者メディア・ライフスタイル調査」によると、「デジタルメディアが勢いを増す中にあって、とりわけ首都圏の女性は『情報を使いこなせている』とする度合いが最も低く、むしろ『情報におくれているのではないか』との不安が強い」（宍戸奈津子研究員）という。

押し寄せる情報津波に不安やいらだちを募らせたり、ゲゼル化の進行で気持ちがささくれたりしがちな読者に、親しみを持たれた雑誌が役に立ち、力になれる余地はまだまだある。

④「再認識・再確認　リコンファーム＝Reconfirm」。

たとえば阪神・巨人戦のナイター実況をテレビで見ていて、阪神が巨人に一〇対〇で勝つ。阪神ファンなら、その後テレビのスポーツニュースを見て、翌朝自宅でとっている新聞のスポーツ欄をじっくり読み、さらに駅頭でスポーツ紙を買う。その事実はすでに知っているのに、あらためてじっくり確かめ納得したい。活字メディアはそうした再認識《リコンファーム》の手立てになり得る。

『米大リーグに一五人、日本選手確かな存在感』米大リーグでプレーする選手は〇八年、前広島の黒田や前中日の福留らの大リーグ行きが確定、マリナーズのイチローやレッドソックスの松坂らを合わせると、一五人の所属先が決まっている。……」（日本経済新聞〇七年一二月一八日）——最近でこそ、松坂や岡島のレッドソックスと松井（稼）のロッキーズといった具合に、日本人所属チーム同士が対戦するワールドシリーズに心を弾ませることができるようにもなった。

芥川賞作家の赤瀬川原平さんがだいぶ前に、朝日新聞夕刊で米メジャーに行き、このほど引退を表明した野茂のことを書いていた。野茂が二度目のノーヒット・ノーランをやって新聞紙面を飾ったときのことである。

「（米メジャーの）一番の英雄は野茂英雄だ。近鉄からはつまはじきされ、マスコミには冷笑されて、ほとんど誰からも祝福されず、一人アメリカへ渡り、それでノーヒット・ノーラン。それまでにも日本人大リーガーだった人はいたけど、正面から自力で乗り込んだのは野茂英雄がはじめてだろう。だからその野茂が、イチロー、新庄のニュースに隠れて見えなくなったころ、二度目のノーヒット・ノーランの記事で各新聞の一面にどんと出たときには、感動した。新聞紙面というのは独特の力を持っている。ニュースは夜のテレビなどで知ることが出来るが、それは何というか、流れているもので、明くる日の新聞の紙面に印刷されてやっと定着する。新聞の印刷というのは、ある種、事実としてのお墨付きのような感触がある」（朝日〇一年五月三一日夕刊）

「テレビ……、それは……流れているもので、明くる日の新聞の紙面に印刷されてやっと定着する。」——テレビはウェブに置き換えても似たようなものであろう。それは新聞や雑誌の紙誌面に印刷されてようやく定着する。

もうひとつ引用すると、雑誌『東京人』（都市出版社）にまつわる話で、毎日新聞のコラムに鈴木博之氏がこう書いている。

「本や雑誌を読むのは、新しい知識や情報を得るためだといわれているけれど、それは半分くらいの事実ではないか。知っていることが出ている記事に出会うと、私などは嬉しくなってしまうので、どうも雑誌はそういう〈知ってる〉を探す場でもあるような気がするのだ。『東京人』……を見ていて、〈斎藤酒場〉という文字に出会ったときの感覚は、まさに〈知ってる〉だった」（毎日〇一年六月一七日）

このお店は十条駅近くにあり、地元では知る人ぞ知る居酒屋さんだそうだが、自分はその斎藤酒場をちゃんと知っている、それが『東京人』に取り上げられたのが嬉しくてしょうがなかった。だから、斎藤酒場のことを知るためにではなく、それを確認するために雑誌を買った、というのだ。

ひとつの事象が雑誌の誌面に載ることにより、ひとつのイメージがそこに物理的に「現像」され、「定着」されることになる。「お墨付き」を与える結果になる。 時代がかった例だが、いろはカルタにある**「論より証拠、わら人形」**の「わら人形」であり、**水戸黄門公の「印籠《いんろう》」**である。

『スポーツ・グラフィック・ナンバー』が本来の名前の『Number』（文藝春秋）は、白熱の投手戦で投じられた日本ハム・ダルビッシュ投手の剛速球や、プロ入りした大型新人石川遼選手の豪快なドライバーショットのフォロースルーを誌面に収め、記録媒体としての特色を印象づける。スポーツや運動の所作はほんの一瞬だから、その「動」と誌面の「静」の対比がひときわはっきりする。もちろんどの雑誌も印刷媒体であるからにはすべて、「わら人形」や「印籠」に十分なりうる。

本来の紙の記録性や保存性を活かしたいという動きはほかにもある。

「書きためたブログをそのまま本にしたい」――利用者からのこんな要望が高まり、ブログの記事を製本するサービスがうけている。自分史や旅行の記録、子育て日誌、ペットの飼育日記など、中身は様々。印刷会社などだけではなく、ブログのサービス会社自身で製本を請け負うところもある。

利用者はネットの画面で本にしたい内容を指定し、縦書き・横書き、表紙の種類や仕上がりのイメージ、冊数などを指定してクリックすれば、注文完了。白黒・カラーのいずれでも頼めるが、ほとんどがカラーという。「本にして手元にずっと置いておきたい」「年老いた両親に送り、見たあとはそのまま持っていてもらいたい」という気持ちからである。

雑誌や本などの冊子が持つ記録性や保存性が重宝がられる例として、面白い。

弁護士事務所や会計事務所に勤める弁護士や会計士の中には、メールに添付されてきたPDF(電子文書フォーマット)資料をディスプレイで見るのではなく、すべてプリントアウトしてからおもむろにそれを机上に広げて読んだり、仕事の移動時間中にチェックしたりする実例が現実にある。簡単に読みやすく持ち運びもできるからというよりは、そのほうがなんとなく安心できるからだという。一時の心覚えやメモ代わりにパソコン画面をプリントアウトしたり、パソコンファイルとは別に手元に資料を置くため紙に印刷したりする光景は、家庭や事務所でもよく見られる。

インターネットや携帯がもてはやされる世の中で、紙の使用量は決して減ってはいない。印刷情報用紙・新聞用紙などを合わせた紙の出荷量は〇七年、一五一九万七〇〇〇トン。この四年間で一%強とわずかながらも増えている(5)。

同じ活字媒体の新聞は六〇年代、ビジュアルで速報性に優れたテレビの普及にともない部数が減り衰退するのは不可避だ、と決めつけられた。しかし、現実は大方の予想とはまったく逆の軌跡をたどり、新聞はその後爆発的に部数を増やしていった。テレビでニュースやスポーツ中継などを見た視聴者が、見た内容をもう一度再吟味するために、活字媒体の新聞を手に取ったことが大きく寄与している。逆説的に言えば、カラーテレビの本格普及があってはじめて、読売一〇〇〇万部、朝日八〇〇万部、日経三〇〇万部という新聞の大部数が実現できた。

雑誌の場合、短くとも週単位の発行間隔がある。情報津波の中で、ニュース発生から発行までの間に数多くの情報を整理し、深掘りして提供する雑誌の機能がいっそう求められる。活字メディアの特性である再認識や再確認という役割は、雑誌にとって大切である。

最後は、**⑤「評価・格付け　レーティング＝Rating」**。

ウェブで検索されたキーワードのアクセス・ランキング、商品への注文量を元データにしたAmazon.com（アマゾン・ドット・コム）型の売れ筋ランキング等、「ランキング」花盛りである。ブログで使われた言葉の頻度をランキングしたものまで出てきた。

大量情報を双方向で処理するデジタル時代の特色を生かし、一種の集合知を活用したランキング情報は、自分の購買態度や行動を決めるのに役立つし、それ自体一つのニュースになることもしばしばある。

雑誌はしかし、深く掘り下げる主観編集のメディアである。この「深く」を推し進め、解説・分析から展望・予測、さらに評価・格付けの領域にまで踏み込んでこそ、雑誌らしさを発揮できる。**単に売れ筋やアクセスの「定量情報」に頼ったランキング数値だけにとどまらず、専門分野ごとにその商品やサービスの品質・使い勝手・特色・将来展望など、独自の「定性情報」をキメ細かく付け加えて読者には欠かせない情報に仕立て上げてこそ、雑誌**である。

現に、ウェブ等のランキング情報だけを頼りに実際に買ったり利用したりしたところ、まったくのお門違いで情報としてまるで役に立たなかった、もっときちんとした定性情報がほしかったと嘆く向きも出ている。

レーティングを定期的にきちんと扱っている雑誌の例はいまのところ、見当たらない。花森安治氏がかつて目指していた『暮しの手帖』がそれに近い。あえてあげれば、海外の『PC World』などがおこなっているパソコンや同ソフトなどの評価がこれに類する。

情報津波時代の信頼される道しるべとして、その分野のレーティング情報をタイミングよく的確に提供していくことは、雑誌にこれから期待される大事な役割である。

「デジタル情報津波」であふれる情報量が膨大であればあるほど、信頼性が高い深掘り型の専門情報である雑誌がガイド役や導き手として果たし得る役割は大きい。ゲゼル化が進み、殺風景な光景が広がれば広がるほど、「ハイタッチ・メディア」の雑誌が癒し・安らぎの機能や、再認識の手

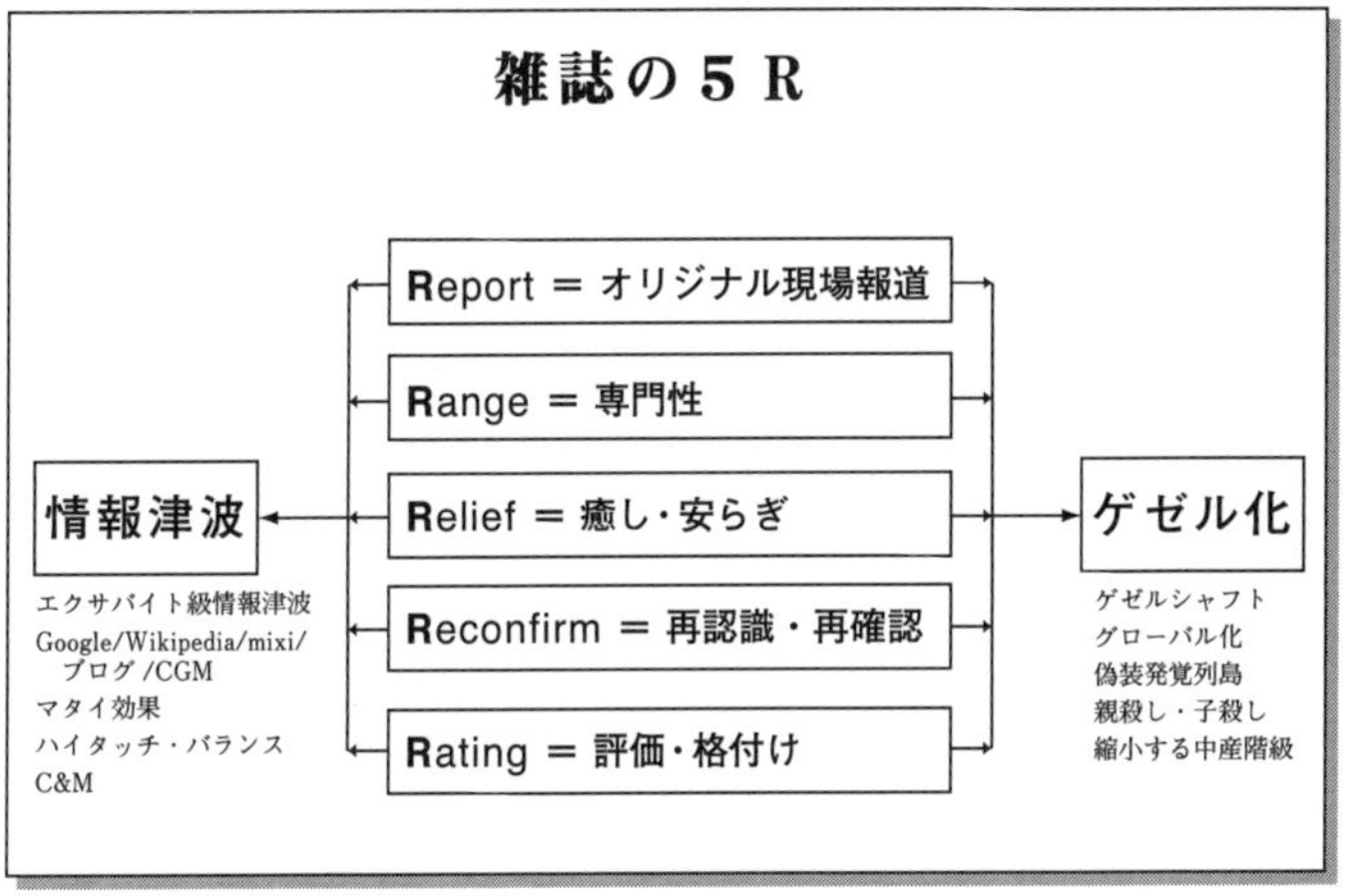

「情報津波」「ゲゼル化」と今後の雑誌の作り方「５R」

立てとして有用になってくる。

広告が世に氾濫する中で、モノやサービスの利用者に効果的に広告メッセージを届けるために、広告媒体に新たに「エンゲージメント（絆）」という指標や考え方が適用されつつある（第七章参照）。

メッセージを載せるメディアがどのように専門的であるか、和らぎや安らぎの効果を持ち得るか、再認識の手立てになるか、独自のオーラを持ちうるか、レーティングなどの物差しを用意できるか、などにより広告媒体として有用かどうかも決まってくる。「エンゲージメントにふさわしい媒体」としてしっかり認知されるためにも、雑誌の「５R」強化は欠かせない。

「雑誌力」を発揮し、雑誌再生に途を開くまたとない機会となる。

（1）『複製技術時代の芸術』（W・ベンヤミン、佐々木基一編　晶文社）
（2）メルマガ「中沢明子の雑誌図鑑」〇七年九月二四日号
（3）『アメリカの編集者たち』（前出）
（4）メルマガ「Zassi.net通信」〇七年三月二六日号
（5）経済産業省「生産動態統計　紙・パルプ統計製品年計表（平成一九年）」

第七章　「エンゲージメント（絆）」

広告媒体としての雑誌の可能性を求めて

広告メディアとしての雑誌について見てみよう。
広告最大手の電通によると、国内の総広告費は〇七年、七兆一九一億円と前年に比べ一・一％増えたにもかかわらず、雑誌への広告費は四五八五億円と前年比四％減になった。インターネット広告費は六〇〇三億円と前年に比べ二四％も増加、この年初めて雑誌広告費をあっさり抜き去り、テレビ、新聞に次ぐ規模にのし上がった。総広告費に占めるシェアも一割目前である。ネットにより雑誌は販売部数だけでなく、広告面でも影響を受けている。

ほかのマス媒体広告を見ると、テレビが前年比〇・九％減の一兆九九八一億円、新聞が同五・二％減の九四六二億円。減少幅は新聞広告が最も大きく、テレビ、雑誌と続く。新聞・テレビ・雑誌・ラジオを合わせた全マスコミ四媒体の広告は三年連続して前年比マイナスだ。この傾向を単純に伸ばすと、ネット広告は新聞を一〇年、テレビを一三年にそれぞれ上回る規模に達するとみられる。

伸びるネット広告の中心になっているのは「検索連動型広告」だ。
グーグルやヤフーなどの検索サイトで検索するときに、入力した検索のキーワードに連動して画面に表示される広告である。「ＰＰＣ（ペイ・パー・クリック）広告」、「キーワード広告」などともいわれる。わが国ネット広告費の三分の一近くを占め、しばらくは毎年二ケタ成長が見込まれる。

さらに普及の進むのが、行動ターゲティング広告や位置情報連動型広告など新手のネット広告である。

「行動ターゲティング広告」は、ネットの利用者が何について関心を持っているかをそれまで閲覧したホームページなどから分析し、その利用者の興味や関心にあった広告を載せる。「位置情報連動型広告」は、携帯を使っている利用者から発信された位置情報（ＧＰＳ）をもとに携帯画面に近隣の店舗などの広告を表示する。「音声連動型広告」などの新顔も米国では登場してきた。これはネット電話の会話を音声認識技術で分析し、電話で話し合った内容に沿う広告を即座にパソコンや携帯画面に載せる。

ネット広告は初めのうちバナー（帯状）広告が優勢だった。が、広告が標的としてねらう特定の顧客層にもっと効果的に働きかけたいというスポンサーの強い要求があって、さまざまの新しい広告手法が開発されてきた。

雑誌などのプリントメディアとネット広告を組み合わせ、新しくクロスメディア型の広告展開をはかろうという動きも活発になってきた。

雑誌広告とネット広告を比べた場合、雑誌がネットを引き離して優位に立つのは、

①新製品の名前が覚えやすい。
②製品名・企業名が印象に残る。
③製品や企業に親しみがわく。
④広告が掲載された店に行った。
⑤広告で製品を入手・利用したくなった。

など。これに対し、ネットが雑誌に比べて優位に立つのは、

①いろいろな角度から製品が理解できる。
②なにか行動するときに参考にする。
③他製品と比較でき選択に役立つ。
④製品の情報がタイミングよく得られる。
⑤製品情報が詳しくわかる。

など、である。(1)

別の調査によると、ビジネス顧客向けの製品やサービスで「新製品を発売したことを一刻も早く

知らせたい」ときに最も効果があると考えられる広告媒体は、①インターネット、②テレビ、③新聞の順であった。ちなみに「雑誌」は「電車中吊り」「携帯」に次ぐ六位。

「自社の製品の機能や特色を、その製品を買う可能性が高い人に正確に伝えたい」「自社の企業姿勢や考え方を自社企業に関連する人にきちんと知ってほしい」メディアとしては、①インターネット、②雑誌、③新聞の順だった。[2]

ネットは広告で「早く・タイミングよく」「さまざまな角度から詳しく」「比べながら」商品やサービスを理解するのに優れ、**雑誌は「製品の名前が覚えやすく」「製品名や企業名が印象に残り」「製品や企業に親しみがわく」などの効果の大きい**ことが明らかになっている。

このような媒体の特性を踏まえて、**「知らせる」「関心や興味を持たせる」などの目的では雑誌広告**を、「よく理解してもらう」「行動を起こさせる」などの目的ではネット広告を併せて利用しようというのである。広告のクロスメディア化である。

これまでマルチメディアという場合、さまざまのメディアを同質のものととらえ、それらの足し算（＋）によってブランドならブランドの広告効果をあげようというものだった。

これに対しクロスメディアでは、それぞれのメディアの特性を踏まえたうえで送り出す内容を吟味し総合的にブランドを構築する、いわばメディアの掛け算（×）によってブランドの広告効果を高めることをねらっている。

「複数のビジネス系メディアで広告を見ることは、単に一つのメディアの広告を見る場合に比べ、どう思うか」の問いに、「その企業の製品やサービスに対する理解が増すと思う」一四・〇%、「まあそう思う」五四・〇%、「あまりそう思わない」二三・七%、「そう思わない」八・三%となっている。広告の乗数効果が期待できるというのだ。(3)

米国の新聞・雑誌のプリント媒体とオンラインへの広告の場合にも、似たような結果が出ている。米ダウ・ジョーンズ発行のウォールストリート・ジャーナル紙と『バロンズ』誌の印刷媒体だけに投資促進の広告を出した場合と、これらの紙誌が運営するオンライン媒体にも同時に広告を出した場合の効果を比べたところ、「印刷媒体＋オンライン」は「印刷媒体だけ」に比べ、購入意欲が一三・七%から二〇・六%へと大幅に向上したという。(4)

雑誌王国の米国では、雑誌は広告媒体として大きな存在である。

米国の新聞はウォールストリート・ジャーナル紙などひとにぎりの全国紙を除き、ほとんどがそれぞれの地域に根ざした地方紙である。多くは朝刊・夕刊それぞれ別の新聞社が発行し、部数は多くて数十万部。なかには数万部の新聞もある。

紙面はそれぞれの地域のニュースを大きく扱い、地方色豊かだ。政治・経済・外交ものなどは影が薄い。広告もおのずから、地元のスーパーマーケットの広告や不動産広告、案内広告などが多くを占める。

だからメーカーやサービス会社が米国の消費者全体に向け全国ブランドの広告で訴えたいときはこれまで、広告媒体として雑誌とテレビを中心に考えざるを得なかった。

その雑誌広告が危うくなってきている。

米国の雑誌危機は新聞と同様、デジタルメディア台頭のあおりで単に販売収入が落ち込んだだけでなく、広告収入が頭打ちになってきたことが大きい。

販売部数を維持するのと並行して、広告をどう確保し続けるか——米雑誌界が直面する差し迫った課題だ。もちろんわが国の雑誌にとっても事情は同じである。

その海の向こうの米国で最近、メディア広告の新指標として「エンゲージメント（Engagement＝結びつき、つながり、かかわり、絆《きずな》）」が注目を集めている。婚約指輪《エンゲージ（メント）リング》の「エンゲージメント」である。

雑誌・新聞・テレビ・ラジオにデジタルメディアが加わり、生活者や消費者としての読者には津波のようにＣＭや広告が押し寄せてくる。ふだんの生活に広告洪水や広告渋滞ともいうべき状況を引き起こしている。消費者はいまや広告に白い目を向けたり、無視したりするようにもなってきた。

米広告調査協会（ＡＲＦ）は消費者が広告を歓迎していた時代はもう終わった、として、「広告の受け手の属性や特性をよく見定め、ほんとうに価値があり、信頼できる広告情報を確実に受け手のもとに届けなければならない。このような広告の出し手と受け手のつながりや結びつきを『エンゲージメント』と呼び、新たに指標化する」と唱えた（発表資料06/3/21ほか）。ARFや全米広告主協会などがデジタルメディア台頭にともなう消費者行動の変化に危機感を抱き、大がかりに調査する過程で浮かび上ってきた考えである。

メディア広告で中心になる指標はこれまで、発行部数や視聴率を踏まえた「露出量《エクスポージャ》」や消費者への「到達度《リーチマックス》」だった。が、デジタル時代に対応、これまでの露出度や到達度に替え新しい広告指標に採用し、広告の効果や効率を上げていこうというのである。

このような状況の中で**全米雑誌協会（MPA）**は、雑誌が生活者や消費者としての読者と強い結びつきを持ち、雑誌広告が実際の購買活動につながっていることを強調し、「エンゲージメント」にふさわしいメディアこそ雑誌である、というキャンペーンを展開し始めた(5)。

MPAは次のように説く。

「雑誌内容と広告に強い一致性」がある。雑誌の読者が記事と同分野の掲載広告に関心を寄せる度合いは、ほかのメディアと比較にならぬほど大きい。

「読者側で広告情報を選択」できる。身の回りに広告が溢れているいま、消費者には「関心のある広告は見るもののそうでない広告には煩わされたくない」との気持ちが強い。雑誌だと、興味があればその広告をためつすがめつ眺められるし、関心がなければページをめくり飛ばしてしまえばよい。

ＭＰＡ自身の調査によれば、歩きながら携帯メールをやりとりするような「ながら族」がごく当たりまえの状況下にあって、雑誌は読みながらほかの作業を同時におこなうことが最も少ない**「集中して接するメディア」**である――。

「エンゲージメント」をめぐる議論は国内でも高まってきた。

わが国の雑誌広告関係者は「点を取られ押されっぱなしだった野球の九回裏二ダウンの瀬戸際に、やっとめぐってきた一打逆転なるかどうかの絶好のチャンス」とみる。

日本雑誌協会・日本雑誌広告協会はエンゲージメントを「絆《きずな》」と呼ぶことにし、セミナーを共催した[6]。

雑誌そのものについて他メディアと比較、「インターネットは知りたい情報を探すという機能的なメディア。テレビは内容について話題にしたりする身近な社会的なメディア。新聞は信頼感のあるメディア。これに対して、雑誌は自分だけの世界に浸ることができ、精神的なつながりを持てる独特のメディアだ」（鈴木芳雄ビデオリサーチ営業局長）などの見解が示された。

「とかくインターネットやメールの双方向性がもてはやされがちだが、雑誌では想定した読者をもとに編集方針が立てられ、読者に向き合った内容の記事が作り届けられる。ある意味で双方向性が最も有効に良質に働くのは、きちんと作られた雑誌ではないか」（笠松良彦メディア・シェイカーズ社長）との指摘もあった。

デジタルメディアとは異なるリファイン（洗練）された相互コミュニケーションが可能な雑誌こそ、新しい指標「エンゲージメント」にうってつけのメディアである、というのだ。

雑誌とウェブやブログなどのデジタルを組み合わせるクロスメディア化も盛んになってきたが、こうした動きについては、「読者はお金を払い単にハードコピーの雑誌を買うというよりも、その編集長が提案する価値観への帰属感を買い求めている。『BRUTUS』は手に持つだけで嬉しくなる雑誌と言われたりするが、編集力こそがこうした帰属感やブランドの輝きを生み出す。クロスメディア化も雑誌のブランド力があってはじめて、全体を一つに束ねることができる」（清水一彦マガジンハウス広告局チーフディレクター）との声が聞かれた。

雑誌の編集力やブランドが弱いと、クロスメディア化を進めても活字・デジタルそれぞれのメディアがてんでばらばらに拡散してしまい失敗に陥る、クロスメディア化の中核はあくまでも雑誌が担うべきだ、というのである。

日経広告研究所は米ARFと業務提携し、創立四〇周年記念と銘打って「エンゲージメント」をテーマにセミナーを開催した（07/10/26）。

基調講演はARFの前チーフ・リサーチ・オフィサーで米コロンビア大ビジネススクール教授のジョー・プラマー博士。ARF在籍当時、この概念を提唱したことで知られる大御所。日本広告学会会長の小林保彦・青山学院大学教授が進行役とコメンテーターを務めた。

プラマー氏はメガネをかけていて、蝶ネクタイがよく似合う。いかにも広告マンという雰囲気。小柄ながら大声で、身振り手振りをしきりに交え、一五〇人を超す聴衆に熱く語りかける。

「企業経営は二〇世紀に、やれ生産性・コスト削減だ、やれストックオプション・M＆A（買収合併）だということでやってきた。二一世紀に入っても〇五年ごろまでは、もっぱら利益重視の経営だった。広告でも二〇世紀は、新聞・雑誌・テレビなどのマスコミを精一杯駆使して視聴率などの単純なデータを使い、消費者にどのようにブランドを認知させ、どのようにそのブランドを入手させるか、繰り返し一方通行でやってきた。昨日までのプロクター・アンド・ギャンブル（P＆G）がいい例だ」

「だが二一世紀には変わらなければいけない。インターネットなどのデジタル技術も進んでいる。あくまでも消費者の立場を踏まえてさまざまのメディアを通じ双方向でやり取りしながら、どんなブランドがいま求められているのか、何が必要とされているのかを探り、ブランドとのつながりやかかわり、つまりエンゲージメントを持つようにしなければいけない。それが二一世紀型のマーケティングだ」

消費者とブランドの関係を見ると、論理や理屈に訴えてブランドを購入したり入手したりしてもらうよりも、情緒的に動機づけをするほうがより強力で長続きする、単に数値や数量をもとにしたこれまでのモデルはむしろ時代おくれで、今後は人間性や情緒をもとに消費者と企業でともにブランドを作り上げていくことが必要だ、と強調する。

注目されたのは、プラマー氏が講演の中であまたあるメディアの中からとりわけ雑誌を取り上げ、読者との間で雑誌がもたらす関係について次のように指摘したことである。

雑誌と読者の間には、以下のような一〇の「エンゲージメント」がある。

（読者からみると）

・記事やストーリーが私を虜《とりこ》にしてしまう
・とても気に入った広告がいくつか載っている
・雑誌そのものに品がある
・折に触れてその雑誌のことを思ってしまう
・私をより洗練してくれる
・信頼できる
・この雑誌で初めて知ることができた
・なにか新しいことをやってみようかな、という気にさせてくれる
・読んで爽やか
・私にとってのちょっとした中休み

同氏の考える雑誌と読者のエンゲージメント関係は、まるで恋人同士の間柄のようだ。

進行役兼コメンテーターの小林氏はプラマー講演について次のようにコメントした。

「インターネットの登場によって、送り手と受け手の関係は対等・共感の時代に入った。しかも受け手の消費者は『生活者』に変化している。生活者は単に経済的な側面からだけでなく、さまざまな価値観のもとに総合的に生活消費をおこなう。クロスメディア時代に企業がそのような生活者との関係をどう強化していくかのキーワードとして、新しい指標の『エンゲージメント』が登場してきた。ブランド・メディア・広告が生活者とさまざまの接触を通じて互いの絆を強め、とどのつまりは購買行動に結びつけようという考え方だ」

日本広告学会会長を務める小林氏はかねて、欧米流の「アドバタイジング(Advertising)」と日本の「広告」は別ものだと考えていたという。そういう意味では、今回の発想の方が従来のアドバタイジングより日本の広告に近い、と指摘する。

「ひとつの言い方をすれば、世界が日本の広告に近づいてきたともいえる。昔からわが国の富山の薬売りは、ブランドと生活者の関係を濃密に築き上げてきた。これはまさにエンゲージメントである。広告活動はこれから、目に見えるところだけで生活者とつながるのではなく、心の奥底まで深く入っていき購買につなげる、ということを考えていかなければならない」と小林氏。

パネルディスカッションに加わった博報堂研究開発局グループマネージャーの田中双葉氏は女性らしい視点から、「広告活動で『生活者へ（to）』ではなく、『生活者とともに（with）』とか『共創、ともにつくる』という発想がいっそう必要になる。これまでのような顧客にブランドを訴求するため一方的に自己表現を重ねるといったやり方は変えなければならない。広告活動は今後、ブランドと顧客の関係をどのように作り上げていくかが大事になる。生活者とブランドの関係を築くこと、それがエンゲージメントだ」と強調する。

プラマー氏は総括して「広告活動をめぐり、いまは米国も日本も過渡期だ。ブランドと顧客の情緒的なつながりをどう測定し、指数化していくか。トヨタにしても、テレビでいま放送している番組の視聴率を気にするよりは、いずれは顧客となる見込み客とのつながりをこの先どう取り込み、関係を構築していくのかについてもっと考えてほしい」と語った。

新指標エンゲージメントについては、ネットの検索連動広告やブログ、SNSなどのいわゆるCGS（消費者を起点とするメディア）が中心となりその役割を担うのではないかとの見方もある。が、言い出しっぺのプラマー氏は「インターネットの場合、ネットサーフィングという言葉があるくらいで、その触れ合いは瞬間的であったり短時間であったりする。新指標にとってネットが最適のメディアだとは言い切れない」と述べた。

講演会のあと時間を割いてもらい、進行役を務めた小林氏に聞く。

――その急速な浸透ぶりや双方向性といった条件を生かして、ネットが新指標エンゲージメントのおもな担い手になる、との見方があります。小林さんはどうお考えですか？

「インターネットによってはじめて、情報の送り手と受け手の関係が対等になり、共感し合える時代になったのは確かだ。だが生活者との絆をより強めて心の奥底まで入っていき、購買行動にまでつなげることを指標化するとなると、はたしてネットがそういうメディアかな、と思う」

――雑誌は、どうですか？

「雑誌とその雑誌を好んでやまない読者の間には、もともとある種のエンゲージメント関係が成立している。そういう意味で雑誌メディアにはほかのマスメディアにはない独自の特色がある。これは雑誌が持つ強みだ。ネット時代にあって、雑誌本来の特性をもっと発揮できるよう一段と工夫を重ねれば、新指標にふさわしい媒体として十分やっていけるし、面白いと思う」

雑誌にとっては、このうえなく有り難い日本広告学会会長のご託宣であった。

「5R」に沿って雑誌の専門度・ニッチ度や、安らぎや癒しの機能を高めていくことが、結果的に広告媒体として雑誌と読者の間の「絆」をいっそう強める結果にもつながることになる。

（1）ビデオリサーチ「MEGASCENE 2007」等による。
（2）日経ＢＰコンサルティング「ビジネスピープルのメディア接触調査」〇七年一月
（3）同調査
（4）『日経広告手帳』〇六年五月号（日本経済新聞社）
（5）http://www.magazine.org/Advertising/accountsbility/Engagement_Study.aspx
http://www.magazine.org/advertising/handbook/index.aspx
（6）日本雑誌協会・日本雑誌広告協会「第二回雑誌広告セミナー」（06/7/12～13 セミナー出席者の肩書はいずれも当時）。「エンゲージメント」構想の推進役であったプラマー氏はその後、ＡＲＦを離れたとされ、今後の同構想の進展に影響が及ぶのは避けられない、との見方が出ている。

第八章　お隣の活字メディア、新聞

「深さ」を身上とし、専門深掘り型・主観編集の第1人称ジャーナリズムである雑誌と、「早さ」が基本で客観報道の第3人称ジャーナリズムである新聞は、それぞれ持ち味が異なる。

そのうえ、雑誌と新聞ではその規模がまるで違う。日経グループを例にとると、『日経ビジネス』誌はこの分野で最大の雑誌ながら週刊で三〇万部。一方、日経本紙は日刊で三〇〇万部と、ケタ違いに大きい。

だが、逆にインターネット時代になって、その特性である「早さ」や規模の大きさゆえに、雑誌よりも新聞の方がより早く、激しくネットと競合し、その影響をまともに受ける格好にもなっている。

ライバル社との連携・合併・買収・異業種との提携・無代紙《フリーペーパー》の発行など、ネットに対応するための動きも活発だ。雑誌に比べはるかに先行している。

雑誌のネット対応を総合的に考える場合にも、内外の新聞の動きは参考になりそうだ。

1　朝・読・毎、一斉に紙面刷新・強化

「ネットの時代」への危機感は、雑誌より新聞の方が強い。新聞が雑誌よりも先に「大量・迅速」情報のデジタルメディアによって直撃を受けているからだ。

わが国の新聞はまず、紙面の改革・強化に本腰を入れ始めた。

朝日、読売両新聞は〇八年三月末を期して、それぞれ同時に新聞活字の大字化に踏み切った。

朝日は「文字は大きく、情報もたっぷり。一頁は一五段から一二段に。多くの面が二つ折りにしても読みやすくなります。新しくなった朝日新聞を春風とともにお届けします」として、「五七年ぶりの紙面革命」を実施した。偶数段になって、新聞を二つ折りしたときに折り目が記事の段中央にかからなくなった。これについては読売が先行していた。

朝日が一八七九年に大阪で創刊したとき、紙面は一段二一字で三段組、四頁だったという。その後幾度かの変遷を経て、一九五一年に一頁一五段を採用した。今回はそれ以来五七年ぶりの段数変更である。

一段あたりのスペースが広がるので、一段は一三文字になる。七六年のロッキード事件のときは

一行あたり一五字だったが、一四字、一二字になり、〇一年の米同時テロ時には一一字だった。これまで扁平だった文字を幅は変えず天地（縦）を伸ばし正方形に近づけたという。

読売は「目にやさしい大きな字　読みやすさ紙上最大」との触れ込みで、「メガモジ、始動」。字の拡大率はこれまでに比べ一二三％。従来の「一頁一四段　一行一二文字」を「一頁一二段　一行一二文字」に改める。

今回の大字化は、毎日新聞が「J文字」として先駆け、朝日・読売がその後を追う展開だ。いずれもネット時代の流れに合わせて、見た目をよくし、情報を見やすく紙面を改善し、読者により親しんでもらおうというねらいである。

新聞の大がかりな紙面改革はこのところ、ひとつの流れとなっている。

朝日新聞はこれに先立つおよそ一年前の〇七年四月、紙面を刷新した。「多メディア化時代に対応、一面題字下に枠を設けて主要ニュースの全体像がつかめるようにし、二、三面に大事なニュースの詳報や論点指摘の記事」を、太いウラ罫《けい》を多用し松花堂弁当のように仕切ったワクの中に収める形に改めた。

毎日新聞が先鞭をつけた紙面レイアウトの流れを汲み、かつてはタブーとされた段罫が紙面を左から右まで横切ってしまう「腹切り」の紙面割り付けもいとわない。言ってみれば、紙面の雑誌化である。

米国の場合、紙面改革はもっと大胆だ。ウォールストリート・ジャーナル紙は〇七年初め、ニューヨーク・タイムズ紙はそれからおよそ半年遅れで、それぞれ紙面の縮小に踏み切った。長い伝統を持つ一五～一三・五インチ（三八〇～三四〇ミリ）の紙面ヨコ幅をいずれも一二インチ（三〇四ミリ）に圧縮した。タテの長さはそのままである。これでニューヨーク・タイムズは三〇四×五六〇ミリと、米国最大部数のUSAトゥデイ紙などと同サイズになった。ウォールはそれより二〇ミリほどタテ長の三〇四×五八〇ミリである。

ウォール、ニューヨーク・タイムズ両紙にそれぞれ永年慣れ親しんできた読者の目に、ブランケット判からのダウン・サイジング（大きさの縮小）はタテヨコの釣り合いも悪くいささか奇異に映る。が、このヨコ幅は現在、米国紙の標準になりつつあり、両紙は同サイズの採用により他紙の広告原稿をそのまま「在版流用」でき、広告集稿にプラスだとしている。

わが国の新聞の判型事情は米国とは異なるものの、このような流れは、わが国でも将来もっと大がかりな紙面改革が起こりうる可能性を示している。

インターネットとの関連では、日本経済新聞、朝日、読売の全国紙三社は先に、運営組織「日経・朝日・読売インターネット事業組合」を設立、三社による新しいウェブサイト「あらたにす」

を立ち上げた。サイト名「あらたにす」には、「三社の英知を結集し、斬新で多面的なニュースを提供し、多くのニュースの発信元である新聞への見方を『あらたに』できれば、という思いが込められて」（「あらたにす」告知記事）いる。

新サイトの特色は「三紙の一面、社会面、社説などが読み比べでき、ニュースの速さだけでなく、その切り口や論調の違いなども実感」（日経）し、「記事や主張の違い、新聞の奥深さ、面白さなどを再発見」（読売）できることだとしている。

朝日は社説で「あらたにす」を取り上げ、「ニュースを発掘し、取材し、それをもとに主張を展開する。そうした新聞の強みを生かす新たな場が、今回の共同ネットである。……三紙による共同の試みを、日本の新聞がいっそう個性を磨き上げ、競い合う出発点にしたい」と唱えた。

三社は先に、ネット時代への対応策として、販売分野での業務提携、災害時の新聞発行の相互援助で合意している。わが国を代表する全国紙三紙がこのような本格的な提携関係を築くのは初めて。日経は「ペーパー・ウイズ・ＩＴ」として「ＩＴを使うことと新聞を伸ばすことは矛盾しない」と主張しており、読売は「ネットを活用して紙の新聞発行を断固維持していく。現にネットでニュースを流しているが、万単位でネットを通じた購読申し込みがある」と指摘する。

日経は投資金融情報の『日経ヴェリタス』を〇八年三月に創刊、週刊紙の紙媒体とネットによる速報一体で読者に情報を提供し始めた。読者はパスワードを入手、速報にアクセスする。

さらに将来的には、電子化された新聞の本格展開がありそうだ。

「電子新聞ではこれまで、どこも代金有料でうまくいった例はない。だが一三〇年にわたる新聞の歴史と伝統を生かしながら、レイアウトなどの研究を進めており、環境が整えば二、三年中に具体化する可能性がある。五年後、一〇年後にはこの分野は大きく変わる」(1)とみられる。

「二一世紀の瓦版」を目指す――産経新聞は〇七年一〇月、マイクロソフト（MS）と提携、新たにニュースサイト「MSN産経ニュース」を始めた。

最も大きな特徴として、スクープも「紙の新聞」への掲載を待たずにどんどん報道し、ネットの特性を活かして大量の一次資料などの取材データや写真を掲載する「ウェブ・パーフェクト」を合言葉に掲げる。これまでの「紙媒体優先」の常識を覆し、「ウェブ・ファースト（ウェブ第一）」を原則に、スクープも含めて記事の紙面掲載まで待たずサイトで速報するという。世の中の出来事をテレビより早く報じる姿勢をとり、ネットを通じて新聞の原点に戻る、と強調している。

マイクロソフトとの提携を解消した毎日新聞は、独自にウェブ上でニュースサイト「毎日.jp」を開設した。キャッチフレーズは「毎日、世の中を、散歩する」。

共同通信は地方紙を中心とする四七都道府県五二新聞社と提携、共同ニュースと地域ニュースを束ねたサイト「47ニュース」を始めた。参加しているのは共同通信のほか、北海道新聞、中日新聞、中国新聞、西日本新聞などのブロック紙や地方紙。県境を越えることが少なかった地方発のニュースをサイト上一挙に掲載、と同時に、共同通信の取材によるニュースを提供する。キャッチフレーズは「マクロからミクロまで世界最速の日本語ニュース。ディープでワイドな地域情報。歴史、人脈、路地裏まで知り尽くした地元紙が送る旅やグルメの深掘り情報」。

サイトは新たに発足させた全国新聞ネットが運営する。

わが国新聞のネット対応も緒《ちょ》についたばかり。再編成を含む本格的な動きはむしろこれからだ。

（1）日経・文字活字文化推進機構共催シンポジウム「言葉の力で未来を拓く」司会・足立則夫日経特別編集委員の発言（08/3/13）

2　再編で大揺れの欧米新聞事情

インターネット等、デジタルメディアの台頭はわが国だけでなく世界の新聞界を揺さぶる。激しい競争や厳しい企業経営にさらされ、欧米では地球規模の新聞メディア再編が進み、大揺れだ。

金融情報サービスで世界第二位の英**ロイター**は、米カナダの金融情報サービス大手トムソンの買収提案を受け入れ、新統合会社トムソン・ロイターが発足した。

トムソンは法務・税務・会計・金融などの専門情報を提供、企業財務や資産運用などの豊富な蓄積データを抱え、データ分析にも強いビジネス分野の専門情報提供会社。一時期、英タイムズ紙などの新聞を買収していた。本社はカナダ・トロントに、実務上の本部は米コネティカット州スタンダードにある。

一方、ロイターは金融機関や企業、メディア向けを中心に、ニュースのほか、株式、為替、債券、商品などの専門情報を提供している。かつてはニュース報道が中心だったが、米金融情報サービスの「テレレート」などを買収、売り上げのほとんどはいま、金融情報サービスである。世界中のおよそ二〇〇拠点で集めた情報を一三一カ国に提供している。

伝書鳩を飛ばして速報体制を敷き競争相手をけ落としたなど、数々のエピソードに彩られたロイターはこれまで、買収や合併を仕掛けることはあっても、される立場にはなかった。

提携交渉は正式発表されてから旬日《じゅんじつ》で最終合意した。両社統合により、新会社「トムソン・ロイター」はニュース、相場、取引情報の速報配信から企業財務分析、資産運用分析、予測、各種シミュレーションまでを手掛ける総合金融情報サービスの「グローバル・リーダー（世界を股にかけ活動する先導的な企業）として、圧倒的な強みを発揮」（発表資料）する。この分野で米ブルームバーグと二強で世界市場を分け合う体制を形づくった。

グローバル化の進展に伴い、膨大な量の世界的なマネーがネットワークにより分野をまたぎ、国境を越え、四六時中瞬時に移動できるようになった。あらゆる投資機会や市場拡大をとらえるために、必要な情報は速報からデータベース・分析・シミュレーションにいたるまで、昼夜を問わず二四時間休みなく入手したい――こうした需要はかつてないほど強い。両社の経営統合はそれにこたえる格好となる。

かつてスウェーデン自動車大手ボルボの会長を務め、ロイター発起人会社の会長であるペール・ジレンハマー氏は、両社統合に賛意を示し、次のようにコメントした。

「トムソン・ロイターの発足は世界の情報ビジネスの分野で分水嶺となるだろう。ロイターは今後とも久しく、ニュースや金融情報で世界的に指導的な立場にあり、その持てる力や、独立不羈《ふき》、継続性などを堅持していくことが可能になる」（同資料）

トムソン・ロイター統合の余韻が残る中で、これにきびすを接するように、米新聞大手**ダウ・ジョーンズ**は米メディア大手ニューズ・コーポレーションの買収提案受け入れを決めた。

ニューズ・コーポレーションは、名うての「メディア王」ルパート・マードック氏率いる映画・テレビ・新聞などの「エンターテインメント企業」（両社共同発表資料）。本社はニューヨーク。映画・テレビ・CATV・衛星テレビ・雑誌・新聞・出版・その他の八事業部門から成り立つ。

マードック氏は亡父から譲り受けたオーストラリアの地方紙を足がかりに、英大衆紙サン、米大衆夕刊紙ニューヨーク・ポスト、英高級紙タイムズ、米映画大手二〇世紀FOX、米SNS最大手マイスペースなどを果敢に買収、巨大グループを築き上げてきた。

ダウ・ジョーンズは翼下に経済紙ウォールストリート・ジャーナル、経済誌『バロンズ』、ファーイースタン・エコノミック・レビュー、経済ニュースのダウ・ジョーンズ通信などを抱える。

ウォールストリート・ジャーナルはニューヨーク・タイムズ、ワシントン・ポストと並ぶ米国きっての名門紙。しかも全米第二位の発行部数を誇る全国紙である。インターネット情報の多くが対価を取ることは難しい中で、「ウォールストリート・ジャーナル電子版」は年約一〇〇ドルの有料サービスで一〇〇万人近い購読者を獲得、例外的に成功を収めてきた。同社は米国株価指数「ダウ平均」を算出していることでも知られる。

ダウ・ジョーンズが最終的にニューズによる買収に合意したのは、トムソン-ロイター統合から僅か三カ月後のことであった。ダウ・ジョーンズ買収額は五六億ドル（約六〇〇〇億円）。マードック氏は、「価値の高いウォールストリート・ジャーナルなどのダウ・ジョーンズ情報はニューズの全世界にわたる活字媒体や放送、ネットワークサービスと自在に組み合わせることによって比類ない強力な存在になる」（同資料）と強調する。

これらの動きに先立つ〇七年四月、実は米新聞界にはその先触れになるような出来事があった。米新聞大手、トリビューン社が地元シカゴの不動産王サム・ゼル氏の買収提案を受け入れたのだ。

トリビューンは米シカゴ・トリビューン、ロサンゼルス・タイムズなどの名門紙、WGNなどのテレビ網を抱え、米中西部を拠点に一六一年の歴史がある。

「トリビューン（Tribune）」とはもともと、「人民の権利の擁護者」の意味だ。「世界で最も偉大なる新聞＝World's Greatest Newspaper」を自称しており、系列テレビWGNの名はその頭文字から取られたという。

発行部数の減少や広告収入の落ち込みにあえいできた同社はその後、ゼル氏のもと非公開企業に姿を変え、再起をはかったが、〇八年末、米連邦破産法の適用を申請、事実上、経営破綻した。

「今や地下鉄の中で新聞を読む人の姿をめったに見なくなった。一つの車両に五〇人が乗り合わせていたとすれば、そのうちの三人ほどがデイリーニューズやニューヨーク・ポストなどのタブロイド紙を読み、一人がニューヨーク・タイムズで勉強し、二人がスペイン語の朝刊紙を読み、三人が中国語新聞を読んでいる程度だろう。……つまり、地下鉄を利用する通勤客の間で、新聞を読む習慣は失われつつある。……地下鉄の中で新聞を読まなければ真のニューヨーカーではない、とまで言われ、昔から続いてきた新聞と地下鉄の蜜月関係は、今や消えてしまった」——名コラムニストとして知られ、自らニューヨーク・ポストやデイリーニューズの編集長も務めたピート・ハミル氏は、ニューヨーク・マンハッタンでの「新聞のある風景」の消長をこう描写する(1)。

パリで。

欧州でもこの年、不振にあえぐ新聞界を象徴するような動きがあった。

フランスを本拠地とする世界最大手の高級ブランドグループ、モエ・ヘネシー・ルイ・ヴィトン（LVMH）はフランス最大の経済紙**レゼコー**（Les Echoes）を買収した。

同紙は創刊一〇〇年の歴史と誌面の質の高さで知られる。経済紙フィナンシャル・タイムズを発行する英ピアソン社の翼下にあったが、売りに出されていた。

LVMHはグループとして、モエ・エ・シャンドン、ヘネシー、ルイ・ヴィトン、ロエベ、セリーヌ、ジバンシー、フェンディ、クリスチャン・ディオール、ゲラン、タグ・ホイヤー、デビアスなど数多くの高級ブランドを抱える。

ワイン・洋酒、化粧品、ファッション、時計・宝石などのグループに加え、二〇〇〇年にメディア事業グループを立ち上げ、投資家向け週刊紙や月刊誌などを発行している。レゼコーの買収はこの事業グループ強化の一環だ。

新聞への広告出稿が多いLVMHの翼下入りは編集権の中立を守るうえで問題がある、としてレゼコー編集部門は猛反発、買収契約締結の直後にストライキを実施、新聞発行を阻止するなど、一時混乱を招いた。

ロンドンで。

夕方になると、オフィス街や地下鉄出入り口周辺のあちこちにタブロイド紙がうず高く積まれ、帰宅を急ぐ人々に押し付けるように手渡される光景が見られるようになった。**無料の夕刊紙**である。(2)

一般紙の部数減少に業を煮やした英新聞大手アソシエイテッド・ニュースペーパーズが無料朝刊紙メトロを創刊したところ、広告収入だけで黒字を収め、これに味を占めて今度は夕刊のフリーペーパーを発行した。

これにマードック氏率いるニューズ・コーポレーション系列のニューズ・インターナショナルが対抗し、夕方のラッシュアワーに時ならぬ無料紙の読者獲得合戦が繰り広げられることになった。

朝に夕にフリーペーパーを手にすることになった読者は、有料一般紙からはますます足が遠ざかる傾向にあるという。

新聞の発行部数は日米を問わず僅かながら減りつつある。米国の方がより落ち込みが大きい。

わが国では〇七年までの三年間に二％弱減少したが、米国では日刊紙がほぼ同期間に五％強減った。米国日刊紙の発行部数は八四年に最大部数六三三四万部を記録したが、当時に比べると二割近く減っている。〇八年の一年だけで一〇〇万部少なくなった。発行部数のマイナスはそのまま販売収入の低下につながる。

加えて米国では、広告収入の落ち込みが新聞経営を直撃している。

米新聞広告金額は二〇〇〇年、史上最高の五〇〇億ドル近くに達した。その時に比べ〇六年は四％減。前年比が二％近い減少だから、落ち込みは加速している。

これにひきかえ、新聞のウェブサイト広告収入は同時期に二倍に増え、さらに勢いを増しつつある。が、いかんせん、まだ金額そのものが小さく、新聞広告の五％にすぎない。紙媒体の広告落ち込みをデジタル媒体で埋め切れていないのが実状だ。

わが国では、第三種郵便の制約上、新聞紙面に占める広告比率は基本的に五〇％以下。だが米国では、広告ページはおおむね六〇％前後と編集ページを上回る。基本的に地方紙である米国の新聞は、スーパーマーケットの安売り広告から不動産・人材の案内広告までその地域の広告をかき集める。新聞経営に占める広告収入の比率はおしなべて、販売収入に比べ格段に大きい。それだけにネットの台頭による広告減少は痛手だ。

ニューヨーク・タイムズは〇七年秋、有料だったウェブ・ニュースサイト「タイムズ・セレクト」の無料化に踏み切った。ウォールストリート・ジャーナルとともに、数少ない有料ネットサイトの成功例として注目されていたが、同紙としては有料によるわずかな上がりよりも、サイトの無料開放により多くの利用者を獲得し広告収入を増やす作戦に切り替えたとみられる。

伝書鳩による速報、情報通信システムを使った市況情報の提供などで世界に先駆けた英ロイターにとって、トムソンの軍門に下るのは創業一六〇年で初めて。紙面の質の高さと読者からの信頼の強さを後ろ盾に存在感を示してきた米ダウ・ジョーンズがニューズ翼下に入るのも、一〇五年の歴史で初。WGN（世界で最も偉大な新聞）を掲げ一六〇年の伝統を誇る米トリビューンにとっても、不動産資本のもとで再起を模索したのはかつてない試みだ——ネット時代に欧米の新聞界が受けた衝撃の大きさや広がりを物語る。

（1）『新聞ジャーナリズム』（P・ハミル、武田徹訳　日経BP社）
（2）JALカード会員誌『Agora』〇七年二月号

3　新聞——目指すは「情報津波」時代の羅針盤

新聞の場合、ニュースの鮮度が命である。何をおいても「早く」、そして「正確に」、「深く」だ。それだけに情報津波のあおりをまともに受け、ゲゼル化が進む世の中で、新聞にはまず、**現場からの独自情報**、**プロフェッショナルとしての「スクープ」**がますます求められよう。

たとえ、ネット上無数にあるブログがいかにたくさんの情報を双方向に交換していたとしても、その中に含まれた価値あるオリジナル情報はほんのひと握り。ほとんどの第一次情報は新聞や雑誌、テレビ、あるいは新聞社や雑誌社のウェブ上のニュースサイトに依拠しているのが実情だ。新聞のスクープ、オリジナル情報は今後、いっそうの輝きを増す。

二つ目には、**新聞情報の持つ「正確さ」「信頼性」**があらためて見直され評価されよう。

記者は新米のときから、電話の取り方ひとつにしても訓練を受け、取材したニュースはそのウラを取るといった情報の取り方の基本を踏まえている。書かれた原稿はかならず、キャップやデスクなどにより二重三重のチェックを受け、紙面に載る。「正確さ」や「信頼性」の原点である。

米ダウ・ジョーンズ・アジア太平洋地域編集長のガブリエラ・スターン女史は「情報過多の時代

にあって、最後に必要とされるのは的確で信頼性の高い情報だ。利用者はそれを切に求める。虚実入り混じった情報洪水の中で、そのような違いのある情報を私たちはきっちりと提供していくだけの用意がある」と自信満々に言い切る。(1)

「クオリティペーパーと呼ばれる新聞には、新たに重大な使命が課せられている。二一世紀においても、新聞が健全に成長し続け得ることを証明しなければならないのだ。新聞は、テレビのニュース番組やインターネットではできないこと、やらないことをすべきである。……知り得た事実をより多くの読者に提供し、かつその知り得た事実と単なる推測をきっちり分けて見せる、ということだ。情報が縦横に飛び交う現代社会において、新聞は人々が信用できるメディアでなければならない。……報道内容は常に真実でなければならない」――ピート・ハミル氏もその著『新聞ジャーナリズム』で、こう説く。

「ネット上に玉石混交の情報があふれかえっている中で、新聞の情報こそ無色であってほしいと人々は思い始めているのではないか」。作家・平野啓一郎氏はシンポジウム「いま、新聞に期待すること」(07/4/6)でこう発言する。

新聞の「客観報道」や「第3人称のジャーナリズム」の正確性や信頼性に対する期待は従来にもまして強い。

米ニューヨーク・タイムズは一面の題字脇で毎号、モットーの「All the News That's Fit to Print(印刷に値するニュースはすべて掲載)」を掲げている。落書き程度の内容も含む大量の情報がごった煮のように行き交うネット時代にあって、このモットーには新たな意味と輝きがある。

三つ目に、**ニュースの「一覧性」やその「位置付け」**である。

総合ニュースや分野ごとのニュースが一面から最終面まで、そして同じ面でもアタマ記事からベタ記事にいたるまで、重要度に応じ整然と割り付けられた紙面は、溢れかえる情報を一覧のもとに俯瞰《ふかん》し展望できる。

津波のように押し寄せる情報の海を航海するのに、またとない**「羅針盤」**である。

ニュース報道に加えて、新聞の論説や社説も変わろうとしている。裃《かみしも》を着け国民を啓蒙し導いていくといった立場から、メールやブログで情報を交換し意見を戦わすことが日常茶飯になった世の中の人々に、ひとつの判断材料や考え方の指針を身近に提供するといった役割に変わりつつある。

ネット時代に入って、新聞と雑誌の間の関係は微妙に変わろうとしている。

米ウォールストリート・ジャーナルはニューズ・コーポレーションによる買収に先立つおよそ一年前、独自性の高い記事の比率を五割から八割に引き上げる方針を打ち出した。背景の分析や見通し、解説などは通信社からの配信ものを使わず、独自の切り口により自社で書くように変更した。共通のニュースや発表もの、統計ものなどは紙面ではなくネットを中心に報じる姿勢に改めた。

「ウォールストリート・ジャーナルの報道はこれから、基本的にニュースの独自の解釈、洞察、

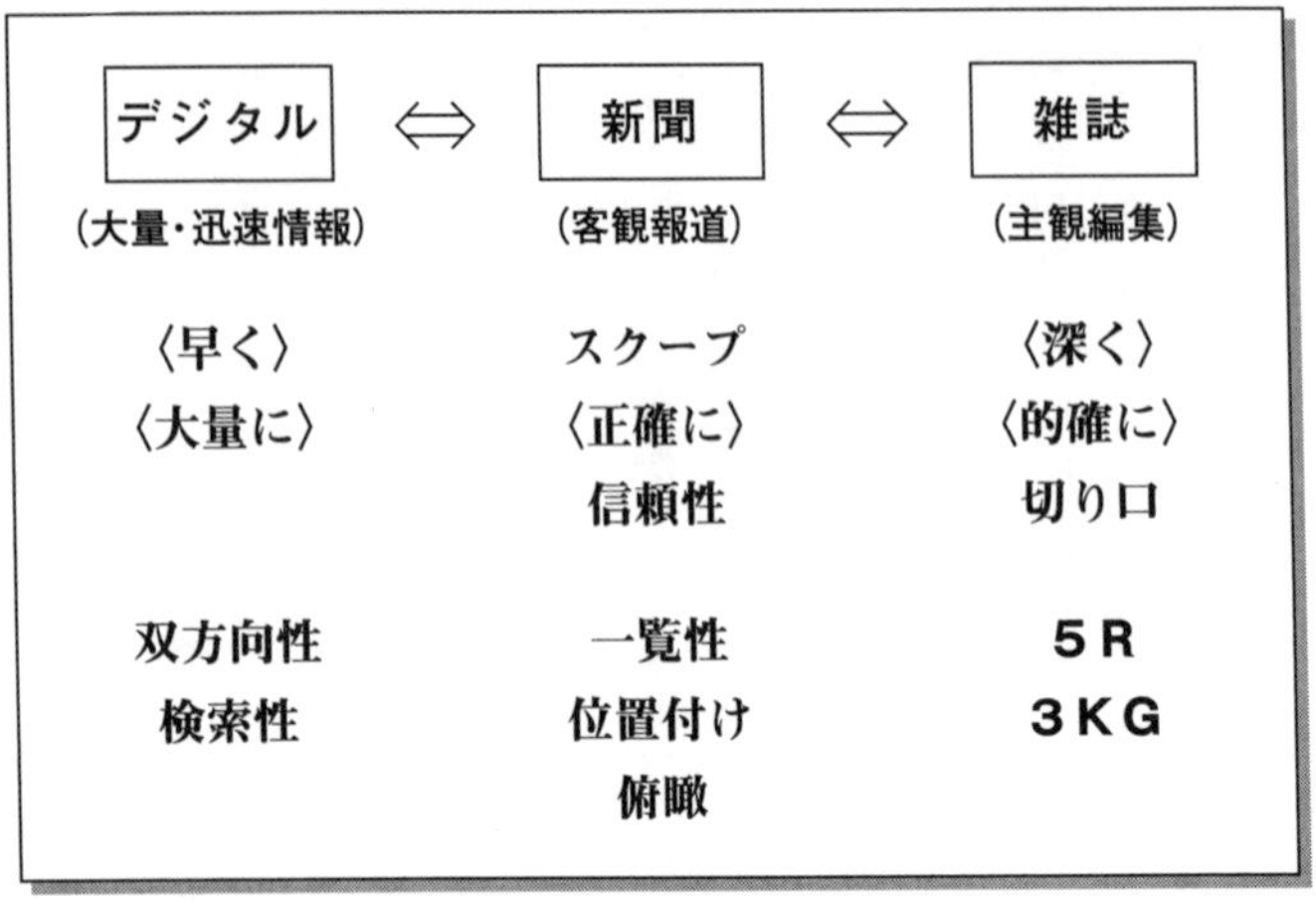

デジタル	⇔	新聞	⇔	雑誌
（大量・迅速情報）		（客観報道）		（主観編集）
〈早く〉		スクープ		〈深く〉
〈大量に〉		〈正確に〉		〈的確に〉
		信頼性		切り口
双方向性		一覧性		5R
検索性		位置付け		3KG
		俯瞰		

メディアの「棲み分け」

それの意味するものなどに焦点を合わせる。『何が起きたのか』ではなくて『何を意味するのか』を報じる。どこであれ、いつであれ、どのようにであれ、今日の（デジタル時代の）読者が求めていることに鑑み、編集方針を変更する初めての新聞になる」――同紙発行人のゴードン・クロビッツ氏はこう宣言した。(2)

「早く・正確に・深く」から「深く・的確に・早く」へ。言ってみれば、新聞の雑誌化である。

ウォールストリート・ジャーナルのような米国の新聞だけではない。

朝日、読売、毎日は最近の一連の大がかりな紙面刷新や大字化により、紙面をいっそう見やすく、読みやすくなるように変えた。雑誌誌面と見まがうようなレイアウトを採用、全体の主要ニュースがつかみやすくなるようにするとともに、解説記事や詳報は輪郭のはっきりしたボックス（箱）型の囲みの中に収めるようあらためた。一種の紙面の雑誌化である。

何よりも「早く」を身上としてきた新聞が、微妙にこれまでの立ち位置やスタンスを少しずつ雑誌寄りに変えつつある。大量・迅速情報のネットと差別化をはかろうとするにつれ、新聞媒体の紙面や内容をめぐる「雑誌化」傾向は、今後とも強まりこそすれ弱まることはないだろう。

（1）「CEATIC JAPAN 2007」講演（07/10/2）
（2）ダウ・ジョーンズ社「報道向け発表資料」（06/12/4）

第九章

「情報津波」「ゲゼル化」への対応を迫られる雑誌

1 「情報」と「知」は別もの

ここで「情報」と「知」についてもう少し見てみよう。

具体例に **「Google（グーグル）」** と **「日経TELECOM（テレコン）」** を取り上げる。「グーグル」についてはすでに詳しく説明した（第四章3参照）。「日経テレコン」は日経の記事や企業・人事情報のニュース・データベース・サービスである。「goo（グー）」と記事情報で提携、ポータルサイトの中で「日経goo」として簡便にサービスされているから、それを利用する。データベースは「日経テレコン」の記事情報と同一であり、見出しだけなら無料で利用できるから、無料サービスの「グーグル」と条件は同じである（検索日は〇八年四月一三—一四日）。

検索用語としてまず、「米国トヨタ」。

「グーグル」 では、九万四〇〇〇件の結果が〇・三二秒で出てくる（次頁参照）。一ページ目の一〜一〇件を表示すると、次の通り。

米国トヨタ－Google　　「米国トヨタ」に一致する検索結果　約94,000件中1－10件目(0.32秒)

1 **中古車 米国トヨタ車種一覧 - goo 自動車＆バイク**
自動車＆バイク > 中古車 > 米国トヨタ . [比較一覧を表示]. 中古車検索 米国トヨタ 一覧 .
24 k

2 **カーライフ情報満載 Goo-net**
米国トヨタ：車種一覧 ... カムリ (4) , カムリ ソラーラ (5) . サ行 . セコイア (12) . タ行 .
17 k

3 **米国トヨタの中古車を探す ¦ クルマ・ポータルサイト Goo-net 中古車**
米国トヨタの中古車検索。Goo-net 中古車では、国産車を始め、輸入車、福祉車両の中古車
21 k

4 **TOYOTA.CO.JP～2004年 北米国際オートショー～**
2004年1月4日、米国デトロイト発 — 米国トヨタ自動車販売（TMS）は、4日に行われ
16 k

5 **J-CAST ニュース：トヨタの米国人トップ、相次ぎ流出 世界一戦略へ逆風？**
2007年10月28日 ... 引き抜かれたのは、トヨタ専務で北米トヨタ社長だったジム・プレ
27 k

6 **米国トヨタ輸入中古車検索 ¦ 輸入車情報サイト GooWORLD.jp 中古車**
米国トヨタの中古車検索。GooWorld.jp は輸入車総合情報サイトです。輸入中古車検索、輸
20 k

7 **トヨタが米テレビ界に一撃　「印象に残らない番組はダメ」：NBonline ...**
トヨタにとってどれほど有益なのか見極める必要がある」と米国トヨタ自動車販売の広報
52 k

8 **【新聞ウォッチ】ため息…ガソリン急騰から米国トヨタ社長のセクハラ ...**
2006年5月8日 ... 最大9連休となったゴールデンウイークも終了。気温が東京都心でも
30 k

9 **Amazon.co.jp：トヨタアズナンバーワン―米国トヨタ大学が教える発想力 ...**
Amazon.co.jp：トヨタアズナンバーワン―米国トヨタ大学が教える発想力：マシュー E. メ
120 k

10 **JAMA -JAMAGAZINE-**
私は1964年に入社して66年から2年間、ニュージャージー州のニューアークにあった東
17 k

2008.4.14 筆者調べ

「中古車　米国トヨタ車種一覧」「カーライフ情報満載 Goo-net」「米国トヨタの中古車を探す／クルマ・ポータルサイト」……といった具合である。対象になった項目がただランダムに羅列されている印象である。目を凝らしてもヒットした項目の一覧の中から浮かび上がってくるものはない。まさにあくまでも「索引」という印象だ。

「日経goo」で検索すると、この一年間日経四紙に載った記事でヒットしたのは一四件（次頁参照）。数は少ないがヒットして並んだ見出しだけから「世界最大のGM《ゼネラルモーターズ》を抜く勢いのトヨタが、主力市場の米国で意

米国トヨター日経 goo　「米国トヨタ」に関する記事　検索結果　14 件中 10 件　新しい順

1 米国トヨタ自動車販売、カローラなどリコール。
2008/ 04/ 10 日本経済新聞　夕刊 文字数：111

2 トヨタ自動車（会社人事）
2007/ 12/ 28 日経産業新聞 文字数：3456

3 新しい常識（2）競争で磨く環境技術——先頭の風圧、開発加速（トヨタが超える）
2007/ 12/ 19 日本経済新聞　朝刊 文字数：1459

4 米新車販売低迷続く、来年、１０年ぶり低水準の可能性——サブプライム余波。
2007/ 12/ 04 日本経済新聞　夕刊 文字数：1138

5 トヨタ米販社、社長にレンツ氏。
2007/ 11/ 07 日本経済新聞　朝刊 文字数：208

6 フォード、トヨタからスカウト（ダイジェスト）
2007/ 10/ 12 日本経済新聞　夕刊 文字数：299

7 米販売会社幹部、トヨタの人材また引き抜き、今度はフォード、マーケティングを担当。
2007/ 10/ 12 日本経済新聞　朝刊 文字数：416

8 トヨタ社長、プレス氏移籍「影響ない」。
2007/ 09/ 11 日本経済新聞　夕刊 文字数：227

9 北米社長、クライスラーに移籍、「人材の宝庫」トヨタ標的に。
2007/ 09/ 08 日本経済新聞　朝刊 文字数：1357

10 クライスラー、北米トヨタから社長、「躍進の立役者」、販売をテコ入れ。
2007/ 09/ 07 日本経済新聞　朝刊 文字数：840

2008.4.14 筆者調べ

外に苦戦している……先頭を走る風圧は強く環境技術の開発を加速させねばならず、リコール車の回収もおこなわなければならない……米国トヨタ躍進の立役者だった経営陣がここにきてクライスラー、フォードに相次いで引き抜かれた……サブプライムの余波により新車販売は低迷続きで、一〇年ぶりの低水準の可能性がある」——といった状況を、誰でも読み取ることができる。

社会ネタにも当たってみる。オーストラリア周辺の公海でおこなわれた調査捕鯨への妨害活動で話題になった「捕鯨」問題。

捕鯨－Google 「捕鯨」に一致する検索結果 約 3,480,000 件中 1－10 件目 (0.28 秒)

1 **捕鯨問題 - Wikipedia**
何故ならノルウェイ、日本のような近代の捕鯨大国は、常に鯨肉と併せて鯨油も重要な生
96 k

2 **日本捕鯨協会ホームページ**
捕鯨の再開を目指す任意団体。捕鯨関連資料と主張。
18 k

3 **外務省：捕鯨問題**
国際捕鯨取締条約 _「鯨類の持続可能な利用に関するセミナー」の概要（平成 20 年 3 月）
6 k

4 **捕鯨をめぐるゆがんだ戦い**
捕鯨問題に関して欧米の環境保護団体は、悪意ある反日キャンペーンを展開しており、そ
11 k

5 **日本の捕鯨は「恥知らずの茶番」- OhmyNews: オーマイニュース**
捕鯨船団は、ミンククジラ 850 頭とナガスクジラ 10 頭を捕獲することを目標としており、
57 k

6 **反捕鯨団体あれこれ**
IWC の年次総会には毎年何十もの NGO が参加し、それらの大多数は反捕鯨団体である。
12 k

7 **Whaling Japanese**
捕鯨のことはずっと心の中で引っかかっていましたから、思わずその記事に熱中してしま
14 k

8 **捕鯨めぐり日豪ネット摩擦 YouTube 動画にコメント 1 万 5000 件 - ITmedia News**
豪州の反捕鯨運動を批判する動画が昨年 12 月 23 日に YouTube に投稿され、日豪で論争
75 k

9 **外務省：捕鯨問題**
水産庁捕鯨班「水産資源の持続的利用を考えるページ」他のサイトへ．※その他、各種の
6 k

10 **Whaling Section of Japan**
捕鯨班のページへようこそ！ 私たち捕鯨班はできるだけたくさんの人々にわれわれの理
1 k

2008.4.14 筆者調べ

「グーグル」では捕鯨に一致する項目が約三五〇万件ヒットする。〇・二八秒だ。一～一〇件は次の通り（上図参照）。

「捕鯨問題―Wikipedia」「日本捕鯨協会ホームページ」「外務省：捕鯨問題」といったふうに、手当たり次第にヒットした項目が並べられた感じである。全体の状況のあらましや個々の項目の位置づけなどをすぐに読み取ることは、ここでもやはり難しい。

「日経goo」はどうか。この一年間で九四件の日経記事が出てくる（次頁参照）。ヒットした見出し一覧から、「調査捕鯨妨害で、豪閣僚は

捕鯨ー日経 goo　　「捕鯨」に関する記事　検索結果　94 件中 20 件　新しい順

1 ０７年度調査捕鯨、計画の６割どまり、米環境団体の妨害受け。
2008/ 04/ 14 日本経済新聞　夕刊 文字数：313

2 海保・警視庁、米団体による妨害状況、捕鯨船実況見分へ。
2008/ 04/ 13 日本経済新聞　朝刊 文字数：431

3 老中書簡に「万次郎」の名、幕臣取り立て、藩主に返事——高知の資料館で公開。
2008/ 04/ 07 日本経済新聞　夕刊 文字数：596

4 日豪会談で若林農相、調査捕鯨の妨害、環境団体を非難。
2008/ 04/ 03 日本経済新聞　朝刊 文字数：270

5 古式捕鯨発祥の地として知られる和歌山県太地町の町立くじらの博物館で２日（窓）
2008/ 04/ 03 日本経済新聞　大阪朝刊 文字数：223

6 過激化した反捕鯨活動——豪政権の内情が背景に（ニュースの理由）
2008/ 03/ 27 日本経済新聞　夕刊 文字数：1253

7 調査捕鯨妨害船舶、母港取り消し求める——下関市長、豪市長に要望書。
2008/ 03/ 19 日本経済新聞　地方経済面 文字数：352

8 捕鯨妨害で豪閣僚、米環境保護団体「起訴も辞さず」。
2008/ 03/ 16 日本経済新聞　朝刊 文字数：286

9 豪政府、カンガルー駆除容認（ダイジェスト）
2008/ 03/ 13 日本経済新聞　朝刊 文字数：175

10 捕鯨妨害活動を中止。
2008/ 03/ 12 日本経済新聞　朝刊 文字数：125

2008.4.14 筆者調べ

過激な米環境保護団体の起訴も辞さずとしているが、事態は大きく変わっておらず……日豪会談でわが国農相が同団体を非難したり……下関市長が豪市長に妨害船舶の母港取り消しを求めたりする動きも出ている……過激化した反捕鯨活動を黙認するかのような豪政府の姿勢には、政権独自の内情も背景にあるようだ……海上保安庁・警視庁は妨害状況について実況見分に乗り出した……調査捕鯨全体はこうした妨害の影響を受け、さしあたり計画の六割どまりで終わりそうだ」——といった事情が見て取れる。

「グーグル」の場合は、入力した

キーワードにヒットした項目がそのまま並ぶ。グーグル自慢のページランクの技術をもってしても、ヒットした項目の見出しやタイトルそのものを加工し、磨き上げることはできない。というより、してはならないことだ。ただ項目の羅列あるのみ。

だが**「日経goo」**の場合、検索してヒットした項目は、新聞紙面の見出しやタイトルそのままだ。おびただしい数のニュース群の中から厳密に選び抜かれ紙面に取り上げられたニュース記事。そしてそれらの記事に、整理部門の担当記者が締め切り時間との格闘の中で、スチール製作業机の脚乗せで靴底が削り取られるような思いをしながら苦心して付けられた見出し──。

単に検索でヒットして羅列された単純な情報の項目名と、多くの情報の中から選ばれて紙面に取り上げられたニュースに知を働かせて付けられた見出し。同じ一覧でも、その違いがおのずから浮かび上がってくる。大量に集められたデジタルの羅列「情報」と、雑誌や新聞の誌紙面の見出しという「知」の相違──どちらが優、どちらが劣というのではない。まず情報の量において湯船と小さじほどの違いがあり、それにもまして、その中身の質がもともと異なるのだ。

デジタルメディアがどれだけ大量の「情報」を迅速に集めたところで、それだけではそのまま「知」が形成されることにならない。

「情報と、知や知識とは別ものだ。情報というのはバラバラな一つ一つのものであり、知や知識はそのもう少し上にある概念だ。グーグルで検索すると何か出てはくるが、それは全体像を示すような知ではない。知はやはり人間が作り出すものだ」――東大総長の小宮山宏氏はシンポジウムでこう強調する。

例をあげて同氏は、「太陽電池が日本でいま何%使われているか」をウェブで検索すると答えはだいたい返ってくる、だが「三〇年後に世界で太陽電池はどんな役割を果たしているか」「自然エネルギーの中で太陽電池はどのように使っていくべきか」といった問題についてすぐ答えを得ようとしてもムリ、やはり人間が考え出さなければならない――それが知というものだ、と説く。(1)

「グーグル」と「日経goo」の検索結果が示す「デジタル情報」と「新聞・雑誌の記事見出し」の相違は「情報」と「知」の違いともいえる。

米ニューヨーク・タイムズの会長・発行人であるアーサー・ザルツバーガー氏は先の同紙一五〇周年記念講演でこう力説した。

「ニューヨーク・タイムズの二〇〇周年の暁には、われわれは『知の経済』と呼ぶ状況下で指導的なコンテンツ・プロバイダーの役割を担っているだろう……『情報(information)』と『知(knowledge)』は別ものだ。情報に力は必ずしも伴わないが、知には力がある。私の娘のアニーがこんなことを言った。マドンナの電話番号を知っているだけでは単なる情報にとどまる、その番号にいつかけたらいちばんいいのかちゃんとわかっているのが知というもの。……『情報』の時代から『知』の時代へと進化していく中で、ニューヨーク・タイムズは知に溢れたジャーナリズムを体現し、グローバルなメディア市場でかつてなく光り輝くことだろう[2]」

デジタル情報の「グーグル」と、新聞・雑誌記事見出しの「日経goo」つまり「日経テレコン」がそれぞれ提供する「情報」「知」の中身や性格の違いは、雑誌が今後ウェブ時代にどうあるべきか、メディアが互いにどう棲み分け、どう補い合っていくべきかを考えるひとつの手掛かりになる。

（1）東大・朝日新聞シンポジウム「情報革命と人類の未来」（06/11/18 =http://www.asahi.com/sympo/07202/index.html）

（2）ニューヨーク公共図書館での投資家向け講演資料（02/1/10）

2　雑誌――信頼性のある独自の「深掘り専門情報」こそ

再生をはかる雑誌にとっては、まず、**かつての最大・単一の読者層だった「日本的中産階級」がいまや空洞化し力を失いつつあることをあらためて認識し、読み手の細分化や専門化に対応した雑誌づくりへの工夫をこらす**ことが欠かせない。そのうえで、斬新な切り口・仮説のもと、いっそう「深く」掘り下げていくことが何よりも大事だ。より広い範囲からより深い情報を独自に集め、解析し、位置付けし、展望し、新たな「気づき」のもとに一つの仮説や切り口は打ち出せるか、検証は十分おこなえるか、納得のいく表現ができるか、が問われる。

まず、ニュースが伝えられ、大量・迅速の情報がすぐさまネット等でもたらされた後、雑誌に用意された次号発行までの僅かな期間が決戦のときとなる。

二つ目に、雑誌づくりの基本となる「3KG」、つまり

K＝仮説や切り口
G＝現場
3＝書き出しの3行

をしっかり踏まえ、そのうえで、編集長の「主観編集」が貫かれているか、プロフェッショナルとしてのユニークな発想にもとづき仮説や切り口が深く掘り下げられているか、既知の事実とは異なる解釈や位置付けにより新たな情報価値が生み出されているか、ネット情報にはないスクープの色合いの特集やレポートが用意されているか――。検索性・双方向性のあるテラバイト（TB）、エクサバイト（EB）級の大量・迅速なデジタル情報を向こうに回して、自らの「第1人称のジャーナリズム」をひっさげ、編集長が独り敢然と対峙するといった図である。

そして「5R」つまり

現場からのオリジナル報道の強化（レポート）
専門性・ニッチ度（レンジ）
心の湯たんぽといった和らぎや安らぎ・癒し（リリーフ）
再認識・再確認するためのお墨付きとして（リコンファーム）
評価・格付け（レーティング）

のそれぞれの要素が持つ意味を見極め、個々の雑誌の個性に合わせて、徹する――それが「デジタル情報津波」や「ゲゼル化」に対応する勝負の決め手になる。

三つ目に、**雑誌とインターネットの特色をそれぞれ活かしながら、編集コンテンツや営業（広告・販売）面のクロスメディア化をさらに工夫して進めていく**ことだ。

雑誌と読者は雰囲気・センス・価値観などを共有する一種の絆で結ばれている、誌面がビジュアル（視覚的）である――などの点で、雑誌とネットの間にはもともと親和性がある。と同時に、物理的に月刊や週刊の発行間隔がある雑誌と、瞬時に大量に情報をさばけるネットの間には相補性もある。それらをよく吟味し、活かすことで、ともに相乗効果をあげていくことは可能だ。

とかくネットによるウェブサービスだけだと、津波のように押し寄せるデジタル情報の波間に沈んでしまい、世間にその存在を訴求することは難しい。が、活字メディアの雑誌を旗印に掲げて組み合わせることにより、初めて一体で共通のブランドを世間に浸透させることが可能となる。

「C&M」――ここでは「クリック&モルタル」ではなく、それにひっかけた「クリック&マガジン」である。編集コンテンツにしろ、広告やネット通販にしろ、この「C&M」の有用性をいっそう活かしていく必要がある。その場合、**クロスメディア化の中核となり束ねる役は、ブランドといっそうしっかりした結び付きがある、あるいは結び付けることができる雑誌が担うのが自然であり、より効果的である。**

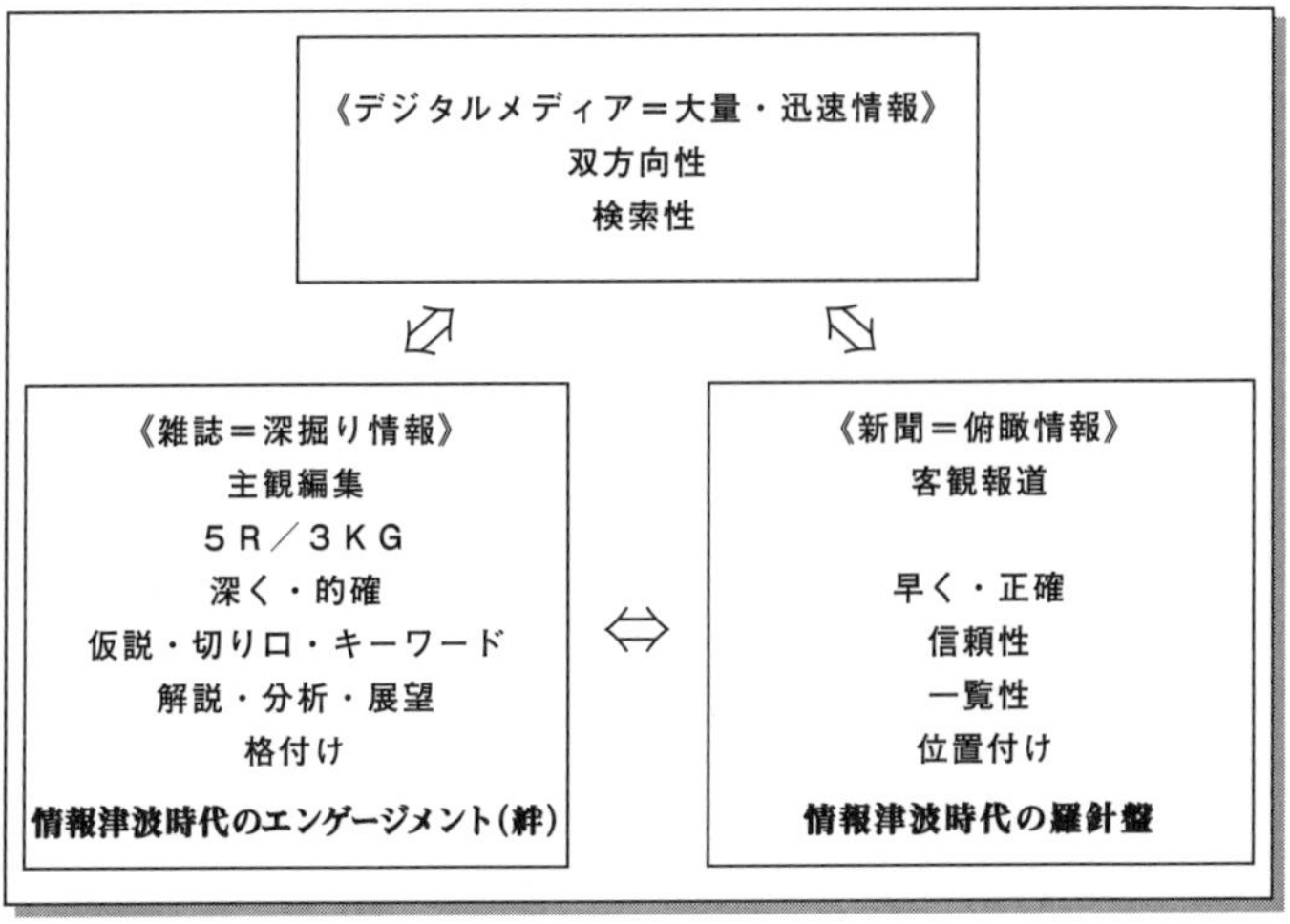

雑誌・新聞・デジタルメディアの相補性

紙に印刷する新聞・雑誌メディアがまずあって、デジタル技術の進歩を後ろ盾にその後デジタルメディアが加わった。発展段階的にやむを得ないことであった。

だがひとまずこれをご破算にしないまでも、サミング・アップ（しめくくり）して、いまの時点で仕切り線を引き、三つのメディアを同列に並べてみる。

すると、新聞・雑誌からデジタルメディアへと歩んできたこれまでの発展段階とはむしろ逆に並べる方が、実は落ち着きがよいのがわかる（次頁参照）。

大量・迅速情報のデジタルメディアがむしろ土台にあって、その上に「早く・正確に・深く」の羅針盤情報＝新聞、さらにその上に処理・発信の情報量が最も少なく「深く・的確に・早く」の深掘り専門情報＝雑誌の位置する方が、しっ

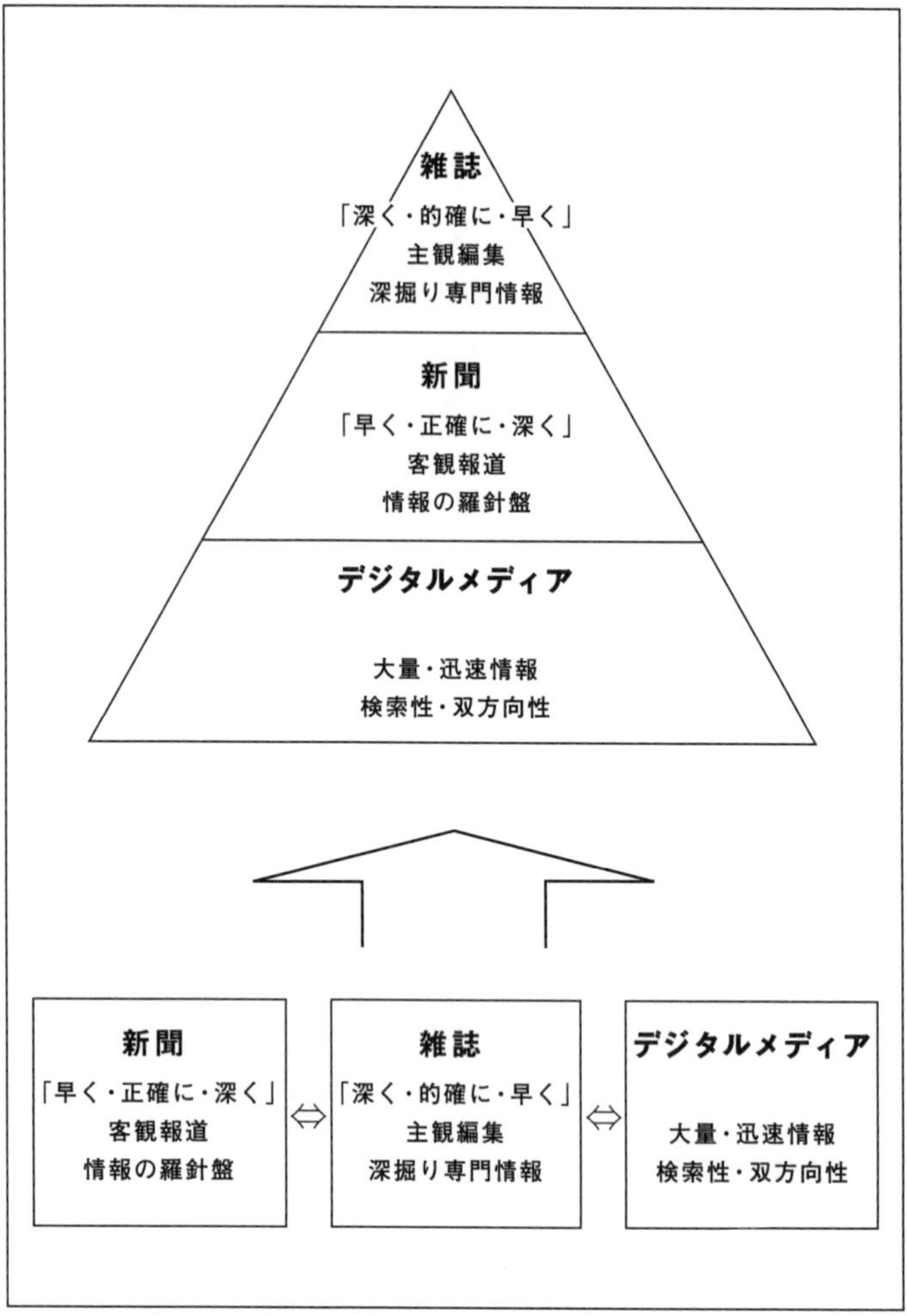

雑誌·新聞·デジタルメディアの相関図

くりして合理的であり、情報構造としてより安定しているようにみえる。

デジタル・新聞・雑誌を総合的に展開できる総合報道機関や、大手雑誌社、大手出版社などは、いまのデジタル・新聞・雑誌の編集・発行体制について「コペルニクス的転回」をおこない、まず大量・迅速のデジタルメディアを情報提供の土台に据え、その上に新聞、さらにその上に雑誌を置いてメディア展開する方が合理的であり、情報提供を受ける側にとってもわかりやすいのではないか、と思える。いずれはこのような流れへの改革も試みられることになるだろう。

3　雑誌よ、「合」の高みへと止揚せよ

津波のように押し寄せる大量のデジタル情報やゲゼル化の進行に人々がいらだち、戸惑う中で、活字メディアの**雑誌はさまざまの分野に血の通った的確な「深掘り専門情報」を提供**することによって、また**新聞は信頼がおける確かな情報の「羅針盤」**として、それぞれ新たな役割を果たしていくことが期待される。

テレビがかつて登場したとき、「雑誌の分野では……とりわけ内容的に低俗な大衆雑誌はその被害が大きかった。……それに反して特殊な知識を伝えたり特定の読者に向けたりしたもの、あるいはきわめて高度な知的要求にこたえている雑誌は、むしろ発行部数を増加させ利益も上げる」現象がみられた(1)。

カラーテレビの本格普及に促されるようにして、新聞の販売部数が大きく伸びた過去の例もある。

青山学院大学名誉教授の清水英夫氏は、「テレビなどのメディアは、……少数の人々が関心を持つテーマを、きわめて広範囲に、かつ掘り下げて探求することができない。それらは、ハイ・フ

ァイのファンとかモーター・ボートの熱狂者や、スポーツ・カー狂たちが欲している特殊な情報を詳細に伝える専門雑誌に大きな余地を残している」というT・ピーターソンの言葉を引用しながら、「テレビの出現は読書時間を大幅に低減させたけれども、一時のマイナス効果を除けば、テレビはかえって読書習慣を刺激したとさえいえる」と強調する。(2)

もちろんテレビの興隆とデジタルメディアの台頭にはおのずから違いはある。が、ネット時代に入って、印刷情報がデジタル情報を必要とし、デジタル情報が印刷情報を背後から支えるクロスメディアの動きは現に生じている。

雑誌の主観編集にもとづく「深く・的確に・早く」の深掘り専門情報、新聞の客観報道による「早く・正確に・深く」の羅針盤情報、**デジタルメディアの検索性・双方向性のある「大量・迅速」情報**――これらにはそれぞれ相補性がある。

既存の活字メディアを「正」、勢いのあるデジタルメディアを「反」としよう。

雑誌・新聞がこれをきっかけに自らの媒体特性をそれぞれ見極め、デジタルメディア「情報」との競争と協調により、自らを磨いて「知」の形成へと棲み分けできるなら、正・反を踏まえた「合」の場に活字メディアを止揚《アウフヘーベン》させることは十分可能だ。

ちなみに、「棲み分け」とは「棲む場所を分け合い、それぞれの環境に適合するよう進化していく」ことであり、「止揚」とは「古いものが否定され新しいものが現われる際に、古いからといって全面的にうち捨てられてしまわずに、……否定を発展の契機として……古いものの中の積極的な要素が高次の段階に新しく保持され発展していく」ことを指す（『広辞林』など）。

蒼頡《そうけつ》の鳥跡文字の創始、グーテンベルクの大量印刷術の発明、それにも匹敵するインターネットの登場――私たちはいま、これまでの遺産や蓄積を活かしながら、メディアの特性をそれぞれいっそう高度なものにし、「情報」の新しい段階へと上がっていく段階にきている。雑誌が甦る時を迎えている。

仏思想家のアランは「幸福になるのは、いつだってむずかしいことなのだ。多くの出来事を乗り越えねばならない。大勢の敵と戦わねばならない。負けることだってある。……しかし力いっぱい戦ったあとでなければ負けたと言うな。これはおそらく至上命令である。幸福になろうと欲しなければ、絶対幸福になれない(3)」として、次のように唱えた。

「悲観は気分に属し、楽観は意思に属する」

雑誌よ、勃興するデジタルメディア時代にあって「合」の高みへと、止揚せよ。

（1）『第五の壁テレビ』（W・リンクス、山本透訳　東京創元新社）
（2）『出版学と出版の自由』（清水英夫　日本エディタースクール出版部）
（3）『幸福論』（アラン、神谷幹夫訳　岩波文庫）

あとがき

ざっと、五〇〇〇年前——。

漢字は伝説上の人物、蒼頡《そうけつ》が創始したとされる。倉頡とも書く。言い伝えによれば、蒼頡には目が四つあった。情報能力に優れていたことを表すという。中国黄帝時代の人である。黄帝は中国上古に黄金期を築いた三皇五帝の一人。夏・殷・周の王朝三代がすぐこの後に続く。

黄帝の史官を務めていた蒼頡はある時、鳥獣の足跡を見て、土の上に記されたさまざまの紋様がそれぞれの鳥獣を表しているのに気づき、文字に思い至ったという。

蒼頡がはじめに作ったのは、形を象《かたど》った「模様もじ」、つまり象形文字である。

これを「文」とし、それをもとに「形」や「声」を増やしていった。形声文字などの「字」である。

物ごとを伝えるにはそれまで、口承や結縄《けつじょう》によるほかなかった。

「鳥跡《ちょうせき》」がいまでも漢字の異称として使われるのは、あくまでもこの古伝説に由来する（『広辞苑』）。

「蒼頡、書を作って、天、粟《ぞく》を降らし、鬼、夜哭《こく》す」――蒼頡が文字を作ったとき、天は雨のように粟を降らせ、鬼神は声をあげ夜中に泣き叫んだ、と「淮南子《えなんじ》」にある。

書が作られて、なぜ天は「粟を降らし」、鬼は「夜哭した」のか。

人間が文字を知ったことにより、手のかかる農耕をやめて農業（本）から離れ、字を書くことや帳面つけ、商業などの生産的でない仕事（末）に走ってしまうのではないか、人を偽り欺くようになり、富や身分の格差が生まれるのではないか、と天は憂えた。

蒼頡には目が四つあったという（出典『中国歴史人物大図典〈神話・伝説編〉』瀧本弘之編著 遊子館）

鬼は、文字が人をあざむき貶《おとし》めるために使われはしないか、おぞましいことが永く記録に残され、自らの力が損なわれたり誹《そし》りを受けたりすることにならないか、と泣き悲しんだ――漢学者諸橋轍次氏らはこう解釈する。

いずれにしても、文字によりはじめて、人は時間・空間を超え、ゆるぎのない意思や溢れんばかりの感情を伝えられるようになった。と同時に、それらの内容を記録にとどめ、蓄えていくことが可能になった。知の世界の扉を開ける鍵をようやく手中に収めた。「文字言語によって……人間の自由な精神の世界が……ひらかれたのである。もはや鬼神の専制の時代は終わったのであった」（『漢字の世界』白川静　東洋文庫）。

中国で鳥跡は甲骨に刻まれ、メソポタミヤで楔形《くさびがた》文字が粘土板に、エジプトでヒエログリフがパピルスに記された――これらの象形文字の中では、漢字、つまり蒼頡の鳥跡文字だけが今日まで生き残った。やがて紙が発明され、紙に書かれた写本や書簡が人と人を、時代と時代を結ぶようになった。

およそ、五〇〇年前――。

ドイツのグーテンベルクが一四四〇年頃、活版印刷術を発明、情報伝達は劇的に変化した。おりから宗教改革の動きが盛んになりつつあった。ドイツでルターらプロテスタントの主張を載せたパンフレットやビラが大量に印刷され、町や村にばらまかれた。聖書をはじめとする書物が数多く作られた。

やがて均質な情報を大量・迅速に伝えることができる活版印刷をもとに、主義や主張が唱えられ、思想・結社が生まれ、政治の体制が整っていった。

グーテンベルクからおよそ二〇〇年後には、大量印刷技術を踏まえて新聞が欧州各地に登場した。雑誌も姿を現した。

産業革命を経て電信電話が発明され、技術進歩を後ろ盾にラジオやテレビジョンがコミュニケーション手段として出現した。

そして、今日——。

インターネットの台頭である。地球上で五〇〇〇万人の一般の人々が利用するようになるまで、五年とかからなかった。優に文字の創始、大量印刷の発明に匹敵する情報伝達史上の大事件だ。

カナダの思想家M・マクルーハン（一九一一—八〇）はかつて、その著『グーテンベルクの銀河系』（森常治訳　みすず書房）でこう説いた。

「われわれがここ数世紀の間、『国民《ネーション》』の名で呼んできたものはグーテンベルクの印刷技術が出現する以前に発生したことはなかったし、また発生する可能性もなかった。それとまったく同じ理由から、地球上のすべての成員を巻き込んで呉越同舟の状態にしてしまう力を持つ電気回路技術が到来した今日以後、そうした旧来の『国民』は生きのびることはできないであろう」

国や国民の壁をも軽々と越えてしまい、グローバル化推進の補佐役をも務めるネットの進展である。

「電気回路技術」の上に築かれるインターネットの勃興は結局、「グーテンベルクの銀河系」、つまり雑誌や活字メディア全体をどう変えるのか。既存のコミュニケーションや活字文化のあり方をどう改め、人々の暮らしをどう変革していくか。その時、天はまた、粟を降らせ、鬼は哭すのだろうか――。

＊

『雑誌よ、甦れ』は出版総合誌『出版ニュース』（出版ニュース社）に掲載された三つの巻頭論文「雑誌よ、甦れ」「雑誌よ、止揚せよ」「雑誌よ、絆となれ」（〇五年六月上旬号、〇六年六月下旬号、〇七年六月上旬号）の骨子を踏まえながら、新たに書き下ろした。

『出版ニュース』誌の巻頭論文は結果的に三年におよぶ「雑誌よ、甦れ」三部作シリーズとなったが、掲載のときから編集関係者をはじめ、広告・販売関係者、書店・販売会社や雑誌読者の方々などから、多くの反響が寄せられた。

「雑誌編集現場は日頃とかくデジタルメディアに押されがちで、多くの悩みを抱えるだけに、ひとつの方向を指し示してもらい、心強かった」という編集長から、「販売第一線の士気を鼓舞してもらう結果につながった」という書店グループの営業責任者の方まで、おおむね好意的に受け止めていただき、有り難かった。

それらの声に背中を押されるようにして初めて、この本が出来上がった。

出版ニュース社代表の清田義昭氏には、筆者が第一線を離れるにあたり論文掲載の場を与えていただき、今回の上梓についても快くご諒承いただいた。

日本雑誌協会「雑誌売り名人発掘」プロジェクト座長として、雑誌販売拡大のため奮戦しておられる文藝春秋取締役の名女川勝彦氏とは、雑誌ジャーナリズムの独自性などをめぐり意見を交わして多くの示唆をいただいた。気鋭の出版プロデューサーであるインキュベータ・ジャパン社長の小林里佳氏からは、本書の構成や最近の具体事例などについて適切な助言をいただいた。

晶文社編集部次長の倉田晃宏氏には、企画から制作に至るまでお世話になった。同氏の出版編集者としての確かな「目」と「思い」がなければ、本書が呱々《ここ》の声をあげることは難しかった。

それぞれ、感謝申し上げたい。

引用・参照した雑誌・新聞・書籍の出典・出所はできるだけ文中や脚注に示した。資料としてウェブも活用、そのアドレス表記であるＵＲＬは性格上、変わったり消滅したりすることも多いが、執筆時点のものを記した。ほかにホームページとして、ベネッセ、リクルート、学研、小学館、幻冬舎、日経ＢＰ社、主婦の友社、講談社、集英社、新潮社、光文社、阪急コミュニケーションズ、ベースボール・マガジン社、マガジンハウス、および日本経済、朝日、読売、毎日、産経の各新聞社、共同通信社、またグーグル、ウィキペディア、ミクシィ、マガシーク、富士山マガジンサービス、TSUTAYA、ファンケル、ユーリーグ（おおむね登場順）などを参照した。

当然のことながら、書かれた内容はあくまでも、筆者の個人としての見解である。

筆を置くにあたり、雑誌編集長や編集者への筆者の呼びかけを記しておく。

編集者に

まず、会え。
よく、書け。
たくさん、読め。
つまりは、人。
思いを入れろ。

「3KG」と「5R」と。
神は、細部に。
いつも、前を。
ゆっくり、急げ（Festina lente)。

ご覧の通りである。

二〇〇八年（平成二〇年）孟秋

高橋　文夫

著者について

高橋文夫（たかはし・ふみお）

一九三八年生まれ。一橋大学経済学部卒業。日本経済新聞社入社後、ニューヨーク特派員、編集委員、産業情報部長、データバンク局次長を経て、日経BP社『日経ビジネス』局長・発行人、取締役編集委員長、常務編集担当、専務出版・開発担当、日経BP出版センター代表取締役社長、同監査役を歴任、〇五年より日経BP社参与。日本外国特派員協会・日本記者クラブ、日本出版学会会員。

雑誌《ざっし》よ、甦《よみがえ》れ
「情報津波《じょうほうつなみ》」時代《じだい》のジャーナリズム

二〇〇九年二月五日初版

著者　高橋文夫
発行者　株式会社晶文社
東京都千代田区外神田二―一―一二
電話（〇三）三二五五―四五〇一（代表）・四五〇三（編集）
URL http://www.shobunsha.co.jp
堀内印刷・三高堂製本

ISBN978-4-7949-6740-4　Printed in Japan